レポートの教室

佐久間保明

武蔵野美術大学出版局

はじめに

本書は新しく大学で学ぼうとする人々のために用意されました。書名にいう「レポート」とは、大学入学の初年次から学部課程で書くべき学習レポートを意味しています。分量として二〇〇〇字前後のレポートの書き方について、基本的な処方箋を伝授しようというのが本書の趣旨です。

大学では高等学校までの学習と違って、文章を書く機会が飛躍的にふえます。というのも大学に入学すると、それぞれの科目において長短様々の学習レポートが学生諸君に課せられるからです。学期末の試験などでも、単に断片的な知識の有無をはかるといった方式ではなく、文章体の課題に応じて論述式の文章を書くことが多く求められるようになります。これは通学だけでなく、通信教育課程において特徴的な現象と言えるでしょう。

ところが少し目を転じると、世の中では様々な局面で映像や図像表現の比重が日々増大していることが分かります。そこには見てすぐに分かる映像と、文字を読み込まなければ分からない文章という大きな違いがあります。そういう異なった両者の性格から、かえって文章の重要さがきわだってくるとも言えるでしょう。もっとも大学などで勉強しようという気持にならなければ、文章表現についてそれほど意識する必要はありません。しかしはじめて大学に入学してみると、それまでの学習生活で作文の経験が少なかったり文章による表現に苦手意識を持っていたりする人にとっては、思いがけない負担の気持をいだくことがあるのではないでしょうか。

そこでこの際あらためて文章表現の意義を考えなおして、その基礎的な方法や態度が身につくようにと念じて著されたのが本書です。一口にレポートと言っても、大学院の課程ではなく、入学初年から始まる学部課程における一般的な「学習レポート」が適切に書けるようになることをめざします。高校卒業後の年月の長短を問わず、大学教育においては初学者と言うべき人々を対象として、大学での学習に必要な文章表現の能力開発を支援しようとするのが著者のねらいです。したがって本書は、単に文章表現の技術的な方法論にとどまらず、学校で学ぶことの意味から始めて順次レポートの作成法におよぶという一見迂遠な展開となっています。

文章の書き方を教えるという趣旨の本はこれまでも多く書かれてきました。しかしながら、ここにあえて似たような書名の本を書きおろしたのには意味があります。それは他の多くの類書が「レポート・論文」もしくは「論文・レポート」作成の指導をうたっているのに対して、本書は論文ではなくもっぱらレポートの書き方に的をしぼっていることが大きな特色です。つまりまだ本格的な研究論文を書く必要のない入学初年次から学部課程に在籍する学生諸君に対してレポートと論文を分けずに語るのではなく、あくまでも論文ならぬレポート、なかでも「学習レポート」と呼ばれる文章の書き方について手ほどきしようという点に本書の特色があります。人によっては気になる両者の相違については本書の中身をゆっくり参照していただくことにして、ここでは対象とする文章の形態について、本書が類書と異なるという明確な意識を持っていることとを特に強調しておきます。

本書はどこから読み始めてもどこで中断してもかまいませんが、少なくとも一度は全体を通読することがよいでしょう。いったん通読したのちには、自分にとって重要だと思われるところを繰り返し読み込むことが期待されます。著者としては本書が多くの人々の疑問や期待にこたえられることを望みつつも、各人がその内容を主体的かつ批判的に摂取して、自身のよりよい文章表現のためにいささかでも役立ててくださるよう願ってやみません。

レポートの教室　目次

はじめに　3

第一章　今こそ学びのとき　9

ヒトは学ぶ動物／独学という方法／独学の応用／学校で学ぶ意味／失敗は恐くない
忙中閑話［一］てにをは

第二章　書きことばの世界へ　23

学ぶことは書くこと／書きことばの世界へ／言語生活の充実
忙中閑話［二］「が」の誘惑

第三章　書くための読み方　33

書くことの前提／読むときの手作業／要約をしながら／繰り返し読むこと
忙中閑話［三］「は」と「が」

第四章　レポートの特質　45

レポートとは何か／レポートは実用文／実用文の発想／二様のレポート／応答の姿勢
忙中閑話［四］「やはり」は癖になる

第五章　レポートの要素　59

二大要素／事実の基本／意見と事実の関係／それは誰の意見か／感想は不要か／感想からの出発
忙中閑話［五］漢字とかな

第六章　レポートの構成　73
三部構成／三部構成の実際／序論の始め方／本論の進め方／結論のむすび方
忙中閑話［六］外来語の表記
第七章　レポートの技術　91
小論文の文体／論文体の用語法／引用の方法／引用は正確に／記号の使い方
忙中閑話［七］辞典の活用
第八章　文章表現の基本　107
長い文より短い文／文と文章と段落／一段落に一主題／句読点も文字のうち／読点の実際
忙中閑話［八］書写の効用
第九章　課題に向かって　125
課題内容の消化／課題表現の傾向／述べよ式／論ぜよ式／考察せよ式／「文学」の課題／レポートの実際／原稿用紙の使い方
忙中閑話［九］日記の習慣
第十章　草稿から清書へ　151
書き始めはいつも草稿／推敲の秘訣／寝かせること／見なおしの要点
忙中閑話［十］手帳の携帯
おわりに　164
〔付録〕レポート実例集

表紙デザイン　白尾デザイン事務所

第一章　今こそ学びのとき

ヒトは学ぶ動物

今や二十一世紀に進んで人はいよいよ学ぶ必要が出てきました。というのも幸せなことに平均寿命が延びたからです。前世紀のなかごろまで百歳を超す日本人は百人未満という状況が長く続きました。ところがその後の寿命の延びはめざましく、統計を取り始めた一九六三年に一五三人だった百歳以上の人口は二〇一〇年に四万四〇〇〇人を超え、なお増加しています。多くの人々が長寿を迎える一方、科学技術の進展が続々と社会に反映され、われわれの生活は複雑になるばかりです。こうなると人は不断の勉強が欠かせません。学べば学ぶほどそれぞれの生活が豊かになります。誰にとっても「今こそ学びのとき」というゆえんです。

ひるがえってこれを人類の特質という面から見ると、ヒトは本来学習する動物です。ヒトは哺乳類の一員であってもほかの動物と違い、生まれたての赤ん坊は何もできません。ヒトとしての身体的な特徴である二足歩行ができるようになるのにも約一年かかります。ヒトはヒトになる潜在能力を持って生まれますが、適切に育てられなければヒトとしての標準的な能力に達することさえできません。十九世紀のインドでは狼に育てられた少女が発見され、二十世紀にはアメリカで長く個室に隔離されていた少女が発見されましたが、その後ともにことばを自由に操れるようにはなりませんでした。ヒトにふさわしい環境のなかで育てられてはじめて、赤ん坊はおのずから学習して人らしく成長するのです。

独学という方法

何かを学ぶにはいくつかの方法があります。大きく分ければ学校への入学と独学という二様の方法が考えられます。またかつての徒弟制度のように、師匠を求めて弟子入りするという方法も考えられます。しかし封建時代ならぬ今日では、それほど一般的ではありません。そこで学校で学ぶ方法を選んだあなたの選択や決断を生かすために、学校とは対比的な方法である独学との違いを確認しておきましょう。

たとえば社会学者の加藤秀俊による『独学のすすめ』*では、まず南方熊楠《みなかたくまぐす》という博物学者が登場します。南方は十八歳で和歌山から上京して大学予備門に入ったものの、その内容に失望して二年で退学します。一八八七年に二十歳でアメリカに渡ると、動植物の採集をしながら大陸を放浪したのち西インド諸島経由でイギリスに行き、大英博物館に就職して日本関係の資料の整理にあたりました。十八箇国語をこなしたという南方は並はずれた読書力を発揮して様々なことを学び、本国で父や母が亡くなろうと一向に帰ろうとせず、一流の学術誌に次々と英語で論文を書きました。七年間もイギリスにいたのち十九世紀最後の年に帰国してからも、アメリカからの招請をことわって大学などに職を求めず、在野の一学者として気ままな境涯を通したのです。南方が学位を取ろうともせず生涯を旧制の和歌山中学校卒業のみの学歴で通したのは、当時の学校教育にあきたらなかっただけでなく「勉強大好き、学校大嫌い」（鶴見和子『南方熊楠』*）という我儘な生き方を貫いたためでした。日本人離れのした気宇壮大で例外的な独学者と言えるでしょう。

同じく『独学のすすめ』では、イギリス人の霊長類学者ジェーン・グドールという女性

＊加藤秀俊『独学のすすめ』（ちくま文庫二〇〇九）

＊鶴見和子『南方熊楠』（講談社学術文庫一九八一）

のことが紹介されています。一九三四年にイングランド南部の小さな町で生まれたジェーンは、一歳を過ぎたころ母親にもらったチンパンジーのぬいぐるみがお気に入りの動物好きだったことを除けば、あたりまえに成長して高校を卒業し、ロンドンの専門学校に学んでから就職しました。ごく普通の女性会社員のところへ一九五六年のある日、アフリカのケニアから学校時代の友人の手紙が来たことで一大転機が訪れます。ジェーンは動物好きの夢をふくらませて旅費をため、翌年お気に入りのぬいぐるみを持ってケニアに行きます。そこで彼女は古生物学者・人類学者として有名だったルイス・リーキー博士に会えたばかりか、動物に対する熱意を買われてリーキー博士の秘書になることができました。そこからジェーンの知的好奇心が一気に開花するのです。

秘書といっても動物学や考古学の専門的なことを知らないジェーンは、何から何まで独学で学ばねばなりませんでした。膨大な量の本や論文を読むことが始まり、人類の起源をたずねて霊長類の化石を発掘するリーキー博士の旅行にも同行するようになります。それから彼女は当時未開拓であった野生のチンパンジーの研究にめざめ、タンガニーカ湖畔の密林に棲むチンパンジーの群れに接近して研究活動を始めて、一九七一年にはその成果を一冊の本（邦訳『森の隣人』*）にまとめます。この本は貴重な研究記録として広く迎えられ、欧米で版を重ねたのち多くの大学の教科書に採用されました。高校卒の学歴に過ぎなかったジェーンがみずからの意思と努力ですぐれた研究業績を築いたというわけです。

これは極めて幸運な独学の成功例ですが、ジェーンは決して孤立していたのではなく、彼女のそばにはリーキー博士夫妻という現役の研究者がいて、いつでも望むときに質問し

＊ジェーン・グドール『森の隣人 チンパンジーと私』（上野圭一訳 朝日選書 一九九六）

たり議論に参加したりできるという恵まれた環境にあったことが見のがせません。この場合は独学という以上に、実質的にはリーキー博士に弟子入りしたという要素が強く、またのちにジェーンはケンブリッジ大学で博士号の学位も取得しています。

独学の応用

独学を成功させた人々について知ると、その方法には千差万別の違いがあることに気づきます。言い換えると、それは一種の自己表現と呼ぶことができるほど個性的で積極的な生き方と言えるでしょう。本学通信教育課程のスクーリング科目「文章表現」において授業内のレポートとして書かれたなかに、みずからの独学の経験を披露した例がありましたので次に紹介します。大久保漠さんによる「自己表現としての独学的学習」という題の文章です。

自己表現というからには、自分を他人から見たとき、そこに何らかの特徴・特性が出ていなければならないであろう。それは自然に滲みだすように見える場合もあるだろうし、打ち上げ花火のような自己表現もあるだろう。「独学」というものは、一人静かに黙々とおこなうもので他人の目には触れにくい。また「独学的学習」としているのは、通信教育のように与えられた内容によって独学的に学習することを含めているという意味である。

なぜこのようなテーマにしたかといえば、第一に自分自身の学習経験がそのようなものであったからであり、それが自己表現になっているのか考えてみたいと思ったこと。第二に、最近の中学・高校生、とくに落ちこぼれといわれる生徒達に、誰のためにでもなく自分自身のためにひとりで勉強するという楽しみを持たせることができないかと考えたからである。

私は、経済的理由で高校一年の途中で退学した。中退した後は町工場や建築現場で働いていたが、高校の同級生達が悠々と勉強を続けているのを見て、絶対に彼らに負けないようにしようと決意し取りあえずの目標を「まともな仕事につくための勉強」として、電気技術の勉強を始めた。神田の古書店に行くと一冊五〇円か一〇〇円ぐらいの専門書が買えた。しかし、日給が一九〇円であったから購入した本を途中で投げ出すようなもったいないことはできなかった。そして第一目標の電気技術者国家試験に合格でき「まともな仕事」にもつくことができた。その後更に上級の資格を取得しようと勉強をはじめたが、さすがにこれはレベルが高すぎて独学ではどうにも歯が立たなかった。ちょうどそのとき、ある工業大学で高校卒業資格認定試験をおこなっていることを聞き、それを受験することにした。これも古本での勉強でクリアー。続く夜間大学にも合格できた。しかし、ここでも問題があった。仕事の関係で半分程度しか出席できないのである。再び古本のお世話になることにした。出席できなかった日の講義を本を参考に穴埋めするのである。これは予想外の効果があった。まともに出席すれば馬耳東風のごとく通り過ぎていくかもしれない授業内容も、独学であればしっかりと受け止め自分で考えざるを得ない。こうして身につけた独学の習慣は、今の武蔵野美術大学通信教育にまでつながり、間違いなくこれからも一生続くことになるだろう。周囲の者たちが私の「学習趣味」を私の特徴として認めている。打ち上げ花火のような自己表現ではないけれど、滲み出すような自己表現が表出されていると考える。

最近、凶暴な事件を起こした中学生や高校生に「どうしてそのようなことをしたのか」と聞くと、「目立ちたかった」とか「世の中をアッといわせたかった」などという者が多い。犯罪的なことをやってまでも世の中に認められたいという自己表現願望である。これは、学校の成績という単線的評価によって自信をなくした者が、自分の存在を認めてくれと叫んでいるということである。一人ひとりが、自分の好きな分野のことを自分のペースで学べるような制度が必要である。独学的学習の良さを積極的にすすめ、周囲にそのことを認めてくれる人があれば、誰でもが自分の得意分野で自己表現できるようになる。

会社員が定年を迎えるときに心配することは、これから毎日なにをするかということだそうだが、少なくとも私にはその心配はない。絵画や読書、やりたいことが多過ぎる。この日常生活こそ独学的学習による自己表現であるといえる。

独学の成果が世に出るということは非常に難しいことである。なぜならば、独学とは人知れず黙々とおこなわれることで、けっして派手な自己表現ではないからである。だが、加藤秀俊の『独学のすすめ』の南方熊楠やジェーン・グドールのように世に出ることもある。その場合は、周囲にそれを認める目があったからであり、これがなければ密かな個人的成果としてしか残らなかったかもしれない。自己表現としての独学的学習は、その人の周辺にもそれを見守る目を持った人たちを求めているのである。

（一六七五字）

これは「自己表現としての〇〇〇」という表題で文章を書くという課題レポートの一例です。表題のとおり独学が見事な自己表現になり得ています。大久保さんは不本意にも高校を退学したのち、みずから工夫した独学の方法により計画的に学習をまっとうしたことが分かります。ここには昼間部に在学している普通の学生には滅多に見られない強靭な意志力の発露が明らかです。こういう実例の存在は夜間や通信課程で学んでいる人々に大きな勇気と力を与えることでしょう。

学校で学ぶ意味

独学の利点は時間割や人間関係に拘束されない自由な環境で自分の好きなように自学自習できることにあります。しかし他方で自分が現在どういう水準にあるのかという不安が伴いがちです。独学は孤独な状況を自己の条件として消化できた人に適していますが、並の神経の持ち主には相当な心労が予想されます。

独学でも弟子入りでもなく、あなたが学校で学ぶという方法を選んだ意味について考えてみましょう。学校と言って思い浮かぶのは何でしょうか。校舎や校庭や運動場という物質的なことが念頭に浮かぶかもしれませんが、独学との本質的な違いは、一人ではないということです。というのも学校には人間関係がつきものだからです。何百万年も前の人類の祖先たちも集団生活をしていたので、学校という組織の人間関係のなかで学ぶことは本来自然なことだと言えます。

それでも通信課程の場合は通学課程と異なって様子が違うだろうと思われる向きも多いでしょうが、学校という視点から見るとほとんど差がありません。すなわち学校には、自分と同じように学ぶ複数の学生と先生がいるほか、学習や教育を支援する複数の職員がいます。ただし通信課程においては、個々の学生は普段それぞれ別々に離れて生活しながら学校からも遠ざかっているという特色があるので、これまでの就学歴においてあまり愉快でない人間関係の記憶がある人にとっては、気分的に多少楽になるでしょう。

要するに学校という教育体制のなかに入って学習することは、それだけお互いに切磋琢磨する機会があるということです。これは独学における孤独な状況との決定的な違いです。独学の方法を説く著者が、「勉強というのは、ひとりだけでする孤独な作業ではだめなのである」（東郷雄二『独学の技術』*）と言っていますが、孤独にならない学習環境をあなたが選んだのは賢明なことでした。

簡単に言うと学校には他者がいます。この他者の存在が最良の学習環境です。これは既に認知科学で言われていますが、自分の学んでいる様子や結果が先生や学友をはじめ誰かに知られていることが学習者の気持の上に少なからぬ張り合いを生むのです。さらに自分と同様の専攻分野において同じような意思を持った者の存在に気づくことが、また自分自身の学ぶ意欲をかきたてる源泉となります。

*東郷雄二『独学の技術』（ちくま新書二〇〇二）

失敗は恐くない

このような学習環境のなかで大事なことは失敗を恐れないということです。逆に言えば学校という所はみんなが失敗をしあう場と言えます。これが世間一般との大きな違いです。働いて賃金を得るしくみの職場という社会を想起してみると、そこでは普通失敗が許されません。それは仕事の対価として賃金という報酬が用意されているから当然です。しかし学校では、数の上で多数を占める学生の方が学費という参加料を払っているので、職場でのようには失敗がとがめられないのです。

すなわち学校で大切なことは恥をかく勇気です。学校での経験を振り返ってみると、先生や学友の前でうまく答えられなかったり間違えたりしたことが思い出されるでしょう。そういうことを重大な挫折や恥辱と思わないことが学校で学ぶ場合の秘訣です。二十世紀最後のノーベル化学賞を受賞した白川英樹氏は、「実験をしていくうえで挫折したことはありますか」と問われると、「ああ、それはもう、毎日ですよ。（笑い）しょっちゅうです」と答えています。これは大学で学ぼうとする人々にとっても含蓄のあることばです。続いてそれをどのように乗り越えるかと尋ねられると、「そういうときは気分を変えることですね。山に登ったり、泳いだり、リフレッシュする。で、また再挑戦をする」「苦境に陥ったとき、どうやってリフレッシュするかというのも、その人の能力の一つだと思います」（『私の歩んだ道』）[*]と語っていました。いかにも研究の達人と言うにふさわしい人物の発言と言えます。

このようなことを強調するのは、通信課程の学生諸君がともすると自分を孤立してい

＊白川英樹『私の歩んだ道　ノーベル化学賞の発想』（朝日選書二〇〇一）

るように思いがちだからです。普段学校から離れた所にいて、レポートをやりとりするという学習生活はそれまでの学校生活と異なり、随分勝手が違うと感じる場合があるでしょう。特に自分なりに一生懸命に取り組んで手間ひまかけたレポートが予想外の低い評価でもどって来たりすると、一気にやる気をなくしてしまう人がいるかもしれません。通信課程の卒業率が通学課程に比べて低いと言われていますが、はじめは新鮮な気持で学習意欲いっぱいだったはずなのに、結局当初の志を持続できず途中で学習を放棄してしまう例の多いことが、残念ながらこれまでの実状です。

そういうときにはぜひ白川氏のことばを思い出すとよいでしょう。そこから想像力をはたらかせて、自分のほかにも同じような学生たちがいて自分と似たような気持でいるのだ、ということに思いを馳せてほしいものです。スクーリングという授業形態もあるように、たとえ通信課程であっても学校の本質は変わりません。学習がうまくいかずにあがき苦しんでいる自分の無残な恰好を他人の前にさらすことをいとわない勇気が大切です。そういう姿が決して醜いのではなく、実は最高に美しいということに早く気づくべきです。ほかの人はそういう姿にこそ励まされ勇気を与えられます。汗をかき恥をかき、ときにはべそをかきながらも試行錯誤を敢行してみずからの目標に近づこうとすることこそ、まさしく人にだけ与えられた贅沢な生き方ではないでしょうか。

忙中閑話［二］　てにをは

「てにをは」というのは、狭くは助詞と助動詞のことを指し、広くはそれに活用語の語尾を含めることがあります。ヨーロッパの諸語とは異なる日本語に特有のことばづかいですが、「てにをは」と称される小さなかな文字ひとつの違いによって語句に微妙なもしくは大きな意味の差が生じるので注意すべきです。比喩的な表現として「てにをはが合わない」という言い方があるように、肝腎なところで話のつじつまが合うか合わないかという死命を決することにもなりかねません。

たとえば「彼女には勿体ない婿どの」と言えば賢夫愚妻のことで、「彼女では勿体ない婿どの」と言うと愚夫賢妻の意味となります。また「その容疑者は真犯人に疑いない」と言うのと「その容疑者は真犯人の疑いない」と言うのでは、まさしく黒白が正反対となります。

昭和の歌舞伎作者として第一人者とみなされた宇野信夫には、「「に」と「と」」と題された短い随筆があります。そこでは、「日本語というものは、複雑であり、難解なところがあり、しかも味わいがある。日本語が乱れてきたとよく言われるが、それについて私は、一々とがめだてする気もなし、それにまた、そんな学識もないが、その味わいと複雑性は、強調したいし、大事にもしたいと思う」という前おきに続いて、次のように述べています。

たとえば「親になる」という言葉がある。

また「親となる」という言葉がある。この「に」と「と」で、意味がだいぶ違ってくる。私の書いた戯曲に、岡っ引が遊び人に意見をする場面がある。遊び人は、自分がその岡っ引のために牢に入れられ、その間に子供が行くえ不明になったので、岡っ引に逆恨みをして、刃物をもって向かう。岡っ引はそれをとめて、お前に子供を育てる資格はない、「親になる」のは犬猫でも出来るが、「親となる」ことはむずかしい、お前は「親に」はなれたが、「親と」はなれない、「に」と「と」の違い――ここをよく考えろ、とさとすと、相手は文盲な人間だけに、かえってこの意味を悟るといった筋である。

(『はなし帖』文春文庫 一九八四)

文字を知らない遊び人の男が助詞の「に」と「と」の違いを直感的に理解するというところに、いかにも芝居らしいせりふ回しの味がにじみ出ています。この引用文の直後には、「煎《せん》じつめると、短い詩形の「俳句」が、一番言葉を大事にしているのではないか、というような気がする」という文がきて、話が芭蕉の句の話に変わります。

そこで以前よく大学の入試問題に出された次のような俳句について見てみましょう。*『研究レポートのすすめ』に紹介されている、一字違いの助詞によってできる三通りの句ではどれが一番すぐれているということになるでしょうか。

鍋洗ふ前に蛍の二つ三つ

*杉原四郎・井上忠司・榎本隆司『研究レポートのすすめ』(有斐閣新書一九七九)

鍋洗ふ前へ蛍の二つ三つ

鍋洗ふ前を蛍の二つ三つ

三者に共通する意味としては、近世を背景とした夏の夕食後のあとかたづけを思わせる一情景といった風情があります。「前に」では、鍋を洗っている前の地面に蛍の死骸がころがっていてもおかしくありません。「に」ではいかにも静態的ということになります。「前へ」になると、蛍は生きていても、飛んで来たと思ったらまたどこかへ飛び去って行ったかもしれません。「へ」は一定の方向を示す作用があるからでしょう。「前を」にしてはじめて、鍋を洗う眼前の闇のなかに明滅する生きた蛍の姿がとらえられると言えます。このとき「を」は瞬間的かつ立体的な意味を含んでいます。このように助詞の使い方がたとえ文法的に正しくとも微妙な意味の差異について鋭敏に感じ取ることができなければ、日本語を上手に操ることにはなりません。こういう「てにをは」の使い方については日ごろから気を配って、常により良い表現をめざそうとする気持を持つことが大事でしょう。

第二章　書きことばの世界へ

学ぶことは書くこと

書くとは聞く・話す・読む・書くという四種の言語活動の一部分です。ことばを操るということでヒトはチンパンジーなどの近縁の霊長類と区別されますが、多くの人々はこれら四種の言語機能を駆使して毎日の生活をしているわけではありません。たとえば「私は本を読まない人だから……」と言う人がいるように、普通の日常生活を一応無難にこなしていくのであれば、まとまった文章を読んだり書いたりする必要はほとんどなく、聞く・話すという音声による言語活動で十分なのです。

ところが本書を手にしているあなたは大学で学ぶという生活に入ろうとしています。そうすると今後あなたの言語生活はこれまでと俄然違ったものになるはずです。というのは学習生活において読み書きという文字による言語活動が重要な部分を占めているからです。すなわち学ぶことは多くの場合文章を読み書きする過程を通ることであり、その結果として学んだ人の言語生活が今まで以上に豊かになることが予想されます。

言語能力は聞く・話すという音声機能の面であれば、誕生以来の素朴な人間環境のなかではほとんど意識的な努力抜きにできるようになりますが、読み書きという識字機能の方面は本人の主体的な学習意欲によって千差万別と言うべき差異が生じます。そこで人として願わしいことは、折角そなわった本来の能力を十全に開花させて一度きりの人生を豊かに過ごすことではないでしょうか。学校で勉強するから仕方なく読み書きを習うのではなく、みずからの人生をより豊かにするために、読み書くという広くて大きな言語生活の世界に前向きに踏み出してほしいものです。

書きことばの世界へ

学校に入って学ぶことの意味はまた、その学校の教育課程に沿うことでもあります。すなわち美術やデザインや音楽などの実技の学習を中心とする学校であっても、大学という名を負うからには大学としてのカリキュラムがあり、他の多くの大学と共通するような総合的な教養科目群が用意されています。

たとえば美術やデザインを専門的に学ぼうとして入学したとしても、実技の研鑽ばかりではなく、大学では一般的な教養科目も相応に履修するようになっています。これを無用なものと考えてしまうと独学の方がよいことになります。しかしこのような実技以外の勉強に携わることには、どういう意味があるのでしょうか。そこで思い出されるのがヒトは学習する動物ということです。

人類についてさかのぼると、約六百五十万年前に樹上生活から別れて草原に出てきたヒト属の祖先は、二百五十万年前にはじめて道具としての石器を作り、次に火の利用法を獲得しました。ネアンデルタール人をはじめとする複数の人類が滅んだのち、唯一ホモ・サピエンスとして生き残った現生人は約一万一千年前に農耕や牧畜を始め、十八世紀には蒸気機関という人工の動力を作りました。産業革命後の科学技術のめざましい進展はすべて多くの人々による学習と創意の成果です。その間に布や紙とともに染料や絵具の開発があり、ピアノやヴァイオリンという楽器の発明改良がありました。生活の改善と芸術や学問の進展とは軌を一にしてきたのです。

人類全体の壮大なあゆみに比べれば、わたしたち個人の生活は元来ささやかなものです。人の一生と言っても限られた時間と空間のなかでのことに過ぎません。つまり個人が実際に見聞する経験は極めて限定された範囲にならざるを得ないのです。日常の生活に次々と現れることがらの応接にいとまなく日を送りがちなのが、多くの人々の実際の人生ではないでしょうか。いま自分はどこにいるのか、自分が本当にしなければならないことは何なのか、といった根本的な問題を考える余裕を見失っていることさえ気づかないとも限りません。そういうときに考える手助けとなるのが、その人に備わっている教養と呼ばれるものです。大学教育のなかに様々なかたちで用意されているのが、このような一般教養につながる科目群です。

大学とはそのような教養をつちかい文化を学ぶ場所でした。ところが主として美術やデザインを学ぼうという強い意識があった場合には、カリキュラムにおける他の教養科目群の存在に意外の念が生じるかもしれません。しかしそれらの科目がいつの日か必ずあなたの視野を広げ、人生の幅を広げる力となるはずです。というのもそれらの科目は書きことばの世界を形成しており、色や線や形という要素から成り立つ造形表現とはまったく異なる視点を提供できるからです。

ゴッホはその代表例と言えます。ゴッホは十九歳のときから三十七歳で自殺する直前まで、四歳下の弟テオドールにあてて総計六五〇通にものぼる手紙を書きました。そのなかには、「ぼくの心を痛く打つのは現代の偉大な思想家のすばらしい静穏さだ。たとえば、きみがこれから読むゴンクール兄弟のあの最後の散歩だ。老トゥルゲーネフの晩年も同じようだった。当時の彼はよくドーデといっしょだった。女のように敏感で、繊細で、物わかりがよくて、自分たち自身の苦しみに対しても敏感で、しかも、つねに生命と自覚に満ち、無関心なストイシズムや生命を侮蔑する風などは全然なかった」(『ファン・ゴッホ書簡全集』[*])という一節があります。ここでは、ゴッホが当代の文学者に深い関心を寄せつつ彼らの著作から実に多くのものを受け取っていることが分かります。

このように書きことばの世界においては、自分が会ったことのない人々の考えや気持をくわしく知ることができます。また会おうとしても会えない過去の偉大な人々の心にも直接触れることができるとも言えます。そのような世界のことを考えようとしなければ最初からないに等しい、広くて深い過去現在の知の集積によって成り立つ世界が書きことば、すなわち文章語の世界というわけです。

これまで多くの作家や芸術家は単に造形の世界にうもれて制作してきたわけではありません。それらの作家や芸術家にも普通の市民と同様に日々の生活があり、それぞれの身の丈にあった生活空間がありました。造形表現の動機やきっかけは、なんとなく無意識に日を送っている限り普通一般の生活者以上に広がらず深まらない恐れがあります。逆に言えば造形表現の育つ土台が大きく厚ければ、それだけ豊かな制作の可能性につながるのです。それゆえ個々それぞれの精神世界をできるだけ豊かにする必要があります。そこから求められるのが言語生活の厚みを増すということであり、変転極まりない話しことばではなく書きことばである文章語の世界により親しむということになります。

* 『ファン・ゴッホ書簡全集』(二見四郎・宇佐見英治ほか訳 みすず書房一九六九〜七〇)

言語生活の充実

書きことばより話しことばの方が基本的な言語機能であるのは分かりやすいことでしょう。文字の発生は農耕や牧畜の開発より遅く、たかだか四、五千年前のことです。地域的にもヨーロッパやアジアが中心であって、エジプトをのぞくアフリカをはじめ、メキシコをのぞく南北アメリカやオーストラリアなどでは、文字らしい文字は発明されませんでした。また中世における印刷術の発明があっても、近代になって学校教育の制度が確立するまで識字人口は大してふえず、大多数の人々は読み書きに縁のない一生を終わっていました。言い換えると、多くの人々が文字による書きことばの世界に参入できるようになったのは、わずかにこの一、二世紀の間に過ぎません。ここに至ってようやく、わたしたちは目前に広大な知の世界が開けているという状況に遭遇しているのです。

ここまで来ればもはや後もどりはできません。今やインターネットによって文字の世界は新たな広がりを見せています。わたしたちは折角手に入れた識字能力をもっと生かすべき可能性を持つことになりました。つまり個人の一生であれば話しことばの世界に終始するだけでなく、現代では大多数の人々が主体的に読み・書くという書きことばの世界を含む豊かな言語生活を生き通す潜在能力を持つのです。

そのような書きことばと話しことばとの違いは何でしょうか。分かりやすいのは話しことばが話される端から消えてゆくことです。言い換えれば話しことばの多くがその場だけの物事の処理に使われるのに対して、文字でしるされたことばは初めと終わりのある体系だった言語作品にふさわしいことになります。

そこから学問や文化という知の世界への道が開けていることが分かります。ことばが日常卑近なおしゃべりの道具という以上に考えるための道具であるというのは書きことばがあるからです。話しことばには口語に特有の曖昧さや単純化が免れません。一方書きことばは日常の会話以上に厳密で複雑な考えを追究することのできる道具です。そこには話しことばにない意味の奥深さや重厚な感じを備えた語彙があるので、思索や文化の伝承に堪えられます。また書きことばを形成する文章という構成自体がおのずから書く人と読む人双方の思考を要求しているのです。

ゴッホ兄弟の死後に膨大な手紙を整理した弟テオドールの未亡人ボンゲルは、「フィンセントがいかに深く考え、いかに自己に忠実であったかをもしひとが知るならば、これはまことに驚くべき書となるでありましょう」（前出『ファン・ゴッホ書簡全集』）という弟による一節を、書簡集の最初に掲げています。すなわち後日「炎の人」と呼ばれたほど激しい情熱の持ち主であったゴッホは日々絵を描きながら文学書を読み、「深く考え」て「自己に忠実であった」という考える人でもありました。そのように書きことばの世界は同時に深く考える世界でもあるのです。それらの手紙を読んだ小林秀雄が「これは告白文学の傑作なのだ」（「ゴッホの手紙」）と評しているように、生前無名でありながら死後一気に世界的な画家となったゴッホは、一方で見事な書きことばの世界の住人でした。

ここでゴッホを持ち出すまでもなく、わたしたちの人生はそれぞれの生きる姿勢いかんによって厚くも薄くもなります。それは決して人目を引くような冒険に挑戦することではなく、書きことばである文章語を含む言語生活を充実させるという、誰にもできることなのです。人である限り言語人格と呼ぶべき側面を備えており、その姿を決定しているみずからの言語生活をできるだけ豊かで充実したものにしようではありませんか。

忙中閑話 [二] 「が」の誘惑

接続助詞の「が」は語句をつなぐ上で便利な道具です。それだけに「が」を使うときには十二分に心すべきであるという注意は、清水幾太郎による『論文の書き方』[*]においてはじめて明確になされました。同書における指摘はこれまで外山滋比古や本多勝一をはじめとする著名な文筆家によってしばしば言及されており、文章表現において極めて重要であったことが分かります。

文と文とをつなぐ接続と言えば、普通には順接と逆接という二つの用法が頭に浮かびます。つまり「だから」「それゆえ」という意味と、「しかし」「けれども」という意味の二つです。しかしながら同書では、その二つ以外の用法として「第三に、反対でもなく、因果関係でもなく、「そして」という程度の、ただ二つの句を繋ぐだけの、無色透明の使い方がある」ことに注目していることが新しいのです。この「無色透明の使い方」については次のように説明されています。

第三の用法では、前の句と後の句との単なる並列乃至《ないし》無関係が「が」で示され

＊清水幾太郎『論文の書き方』（岩波新書一九五九）

ているのであるから、「が」は一切の関係或は無関係を言い現わすことが出来るわけで、「が」が結びつけることの出来ない二つの句を探し出すことの方が困難であろう。二つの句の関係がプラスであろうと、マイナスであろうと、ゼロであろうと、「が」は平然と通用する。「彼は大いに勉強したが、落第した」とも書けるし、「彼は大いに勉強したが、合格した」とも書けるのである。「が」という接続助詞は便利である。一つの「が」を持っていれば、どんな文章でも楽に書ける。しかし、私は、文章の勉強は、この重宝な「が」を警戒するところから始まるものと信じている。

このように明快に力説されると、すこし文章を書いた経験のある人なら思い当たることがあるはずです。順接でもなく逆接でもなく何となく「が」を使ってしまうと、こんな便利なものはありません。つい無意識のうちに繰り返し使ってしまうことになりがちですが、ひどいときには一文のなかに一度ならず使っている場合に出合うことがあります。たとえば、「きょう外出した際に急に雨が降ってきたが、あいにく傘を持っていなかったが、まもなく雨がやんで大して濡れずに済み助かった」というような書き方を見ることがあります。極端に言うなら、「……が、……が、……が、」といくらでも長く文を続けていけるというわけです。同書では社会学者の著者らしく、さらに次のように述べています。

眼の前の様子も自分の気持も、これを、分析したり、また、分析された諸要素間に具体的関係を設定せずに、ただ眼に入るもの、心に浮かぶものを便利な「が」で繋いで行けば、それなりに滑らかな表現が生まれるもので、無規定的直接性の本質であるチグハグも曖昧も表面に出ずに、いかにも筋道の通っているような文章が書けるものである。なまじ、一歩踏み込んで、分析をやったり、「のに」や「ので」という関係を発見乃至《ないし》設定しようとすると、苦しみが増すばかりで、シドロモドロになることが多い。踏み込まない方が、文章は楽に書ける。それだけに、「が」の誘惑は常に私たちから離れないのである。

これだけ強く言われると、いかに多くの人が何となく「が」を使って語句をつないでいるかに気づかされます。文章とは外観だけ滑らかな表現ができればよいというものではありません。ここではあらためて文章を書く苦しみを避けず、しっかり考えながら書くことの重要性が説かれています。楽に文章が書けるなどと思わないで、おたがい「が」の誘惑に負けぬよう気をつけようではありませんか。

第三章　書くための読み方

書くことの前提

書くことは読むことが前提となります。これは、聞くことができないと話せないことに匹敵します。言い換えれば、書くためには読める必要があります。そう言うと、「なんだそんなこと、自分は読めるから問題ない」と思う人がいるかもしれません。しかしながら、普通に「読める」と思っている人々が案外にも「書けない」という事実がある以上、ここではまともに書けるようになるために、読むということの重要性を言いたいのです。

書けないというのは、勿論アンケートや電子メールの伝言などが書けないのではなく、本書で問題にしている論理的に整合性のある文章が書けないという意味です。自分は何でも読んで分かるのにそういう文章が書けない人々のことを、「字の読める文盲」（澤田昭夫『論文の書き方』*）と呼ぶ人もいます。

現代のように活字があふれていると、いかにも自分が一人前に読めるように錯覚しがちです。つまり一般の新聞や雑誌はともかく、広告ちらしやパンフレット、また写真が主体の雑誌やスポーツ新聞や漫画などをいつも読んでいるからといって、体系的な専門書や学術書が読めるとは限りません。現代ではありとあらゆるたぐいの文章が印刷されているので、人々には話すように書かれていて読みやすく、読んですぐに意味が通じ、なおかつ書き出しから面白くなければ読まないという傾向があります。ところが大学生が読まなければならない本は、そのように便利重宝な読み物とはいささか異なります。

たとえば読んですぐ分かって面白いというのは、おいしいお菓子のようなものでしょうか。しかしそのように口あたりのよいものばかり食べていては栄養のバランスが壊れ、健

＊澤田昭夫『論文の書き方』（講談社学術文庫 一九七七）

康を害してしまいます。同様にただ読んで面白いという読み物は精神の血肉になりえず、人々の向上心にこたえられません。人には誰でも好奇心がありますが、それが単なる世俗的なのぞき見趣味ではなく、より深い知的好奇心であることが勉強や学習には必須です。そういう良質な好奇心や探求心を発動していけば、少々時間をかけても体系をなす学術書を読んで分かるという域に達します。

読むときの手作業

この章で対象としているような本の読み方については、既にアドラーとドーレンとの共著になる『本を読む本』[*]があります。同書は一九四〇年にアメリカで出版されて以来広く読まれて高校や大学で教科書となっているだけでなく、ヨーロッパの各国語にも訳されて普及しています。

*M.J.アドラー／C.V.ドーレン『本を読む本』(外山滋比古／槇未知子訳 講談社学術文庫一九九七)

同書の前半では本に書き入れしながら読むことを勧めています。これは対象が小説のような文学作品ではないからです。文学書であれば読者はその文学世界に没入して登場人物の一人になり、はらはらどきどきして構いませんが、学術書では「読書は著者と読者との対話でなければならない」というわけです。冷静な対話における読者からの効果的な書き入れ法として、次の七箇条が紹介されています。

一、傍線を引く。重要な箇所や、著者が強調している箇所に線を引く。
二、行のアタマの余白に横線を入れる。すでに傍線をほどこした箇所を強調するため、または、下線を引くには長すぎるとき。

三、☆印、＊印、その他の印を余白につける。これは濫用してはならない。その本の中でいくつかの重要な記述を目立たせるために使う。

四、余白に数字を記入する。議論の展開につれて要点の移り変わりを示すため。

五、余白に他のページの数字を記入する。同じ本の他の箇所で著者が同じことを言っているとか、これと関連したり矛盾したことを言っているということを示すため。各所に散在する同じ種類の発想をまとめるためである。

六、キー・ワードを□でかこむ。これは下線を引くのとほぼ同じ効果をもつ。

七、ページの余白に書き入れをする。ある箇所を読んでいて思いついた質問や答えを記録するため、また複雑な議論を簡単な文にまとめるため、主要な論点の流れを追うために、これをする。

このような書き入れをするときに役立つのが目次です。というのも章や節をきちんと立てた目次のあることが、長編小説とは異なる体系的な学術書の特徴だからです。数百ページをなす大部の本であっても、一節ずつ一章ずつ読み進めながら読了するごとに目次を眺めると、自分がいま全体のどのあたりを進行し、前の部分が現在読んでいる箇所にどのようにつながっているのかを確認できます。読みながら気づいたことを目次にメモしておくと、目次が自家製の読書録になるでしょう。著者のほどこした節や章の区切りごとに目次を見返すというのは、一方で部分ごとに何が書いてあるのかということを確認する作業にもなります。そこに何が書いてあるのかがつかめれば、さらに次の部分を読み進めることができ、いま読んだところの内容をつかめずに次に進んでも意味がないことになります。

要約をしながら

本に書き入れすべき項目を七箇条あげたのち、同書では「裏表紙の見返しを使って、出て来る順番に要点をメモし、自分専用の索引を作ることもできる」と索引作りにおよんでいます。さらに、「本を読み終えて裏表紙の見返しに自分のための索引を作ってしまったら、表の見返しを用いてその本の大要を書いてみるのだ」と勧めています。

というのは、こういう読書が「著者と読者との対話」であるべきだからです。対話をするには常に著者である相手が何を言おうとしているのかを把握しなければなりません。そのために必要なことは「大要を書いてみる」こと、すなわち要約をすることが不可欠です。これは読書を進めるすべての段階で必須のことです。一ページずつ読み進みながら、この段落では何を、この小節では何を、この章では何を、そしてこの本全体では何を著者は言おうとするのか、ということを考えながら読むことです。それは言い換えると要約をすることであり、文章読解の基本は要約ができるか否かにかかっています。

「大要を書いてみる」と言えば、昔からものを考える人にとっては必須の知的作業でした。古代ギリシャの哲学者アリストテレースは、その著作である『詩学』において「オデュッセイア」を次のようにわずか数行に要約しています。

ある男が長年家を留守にしていた。彼はポセイドーンに監視され、しかもたった一人きりであった。そのうえ、故郷では財産が彼の妻の求婚者たちによって浪費され、息子は生命を狙われていた。彼は嵐で難破したのち帰国し、幾人かの者に自分が誰であるかを明らかにしてから、敵を襲った。そして自身は救われ、敵はほろぼされた。

（松本仁助・岡道男訳『アリストテレース詩学・ホラーティウス詩論』岩波文庫 一九九七）

たとえ学術書の要約でなくとも、一万二一一〇行におよぶ長編の叙事詩をこのように要約できるとは、読者として内容を読解できていることになります。このような要約は長大な内容を極端に短くした例ですが、要約というのは長くも短くもいかようにもできるものです。『詩学』では「オデュッセイア」の文学的な豊かさや面白さをすべて捨象して筋書きだけにしたわけですが、字数さえ許せば、物語の起伏を生かした要約が長短様々な形態でできます。

繰り返し読むこと

知的な関心のために本を読む際は、著者に対してあなたは一体何が言いたいのかと問いかけるような読み方が必要です。そこでは要約という知的な作業が大事になります。そのためには一読して終わりにはなりません。というのも書いてあることを理解しなければ、つまり文章を読解しなければ要約ができないからです。

そこで繰り返し読むことが必要になります。これが大事なことは読書に限りません。絵画であれ音楽であれ、人は自分の気に入った作品であればおのずから何度でも見たり聴いたりするはずです。文学作品でも本当に好きな作品なら何度読んでも飽きず、そのたびに楽しめるものです。

ところが楽しみのために読むのではない学術上の専門書の場合、一読したのみでは楽しいという段階には達しません。壮大な長編小説を一度だけ通読したのではあら筋が分かる程度に似ています。普段読み慣れない知的な内容の学術書を読んで理解するには、一度読んで済むということにはなりません。大事なことは文字を読みつぐのではなく、読んだ自分が内容を理解したかどうかです。それができなければ繰り返し読む必要があります。

繰り返し読む方法には大きく分けて二通りの方法があります。それは本全体の通読をすることと、部分的に繰り返し読むことです。分厚い本を最初から読み直すことは大変そうに思えますが、二度目三度目は初回ほど苦労せずに読み進めることができるものです。また、部分的に繰り返して読むことは初回の読書からできます。その際に心がけることは何が分かって何が分からないのかを見極めることです。学術的な読書の目標は最終的に分からないことがなくなり、書かれたことが全部分かるという状態に達することです。

詩や小説という言語芸術の領域にある文学作品においても、作品の細部にわたって味読して分かるという水準に達するためには繰り返し通読したり、部分的に読み返したりする必要があります。ところが優れた作品ほど部分と全体にわたって完全に理解しなくても面白いと思える側面があるので、普通には一度読めばそれで十分読んだ気になって満足できます。体系立った学術書はそれらの文学作品とは違って、普段使わないような語句や専門用語があるだけに文学作品以上に辞書を引いたり、付箋紙を付けたりして繰り返し読むことが求められるというわけです。

忙中閑話〔三〕「は」と「が」

日本語を学ぼうとする外国人にとって、最もむずかしい語法の一つが助詞の「は」と「が」の使い分けではないかと思われます。というのも、この使用法や説明が日本語を母語とする日本人にとっても決してやさしくはないからです。

高校の数学教師から日本語文法の研究に転じた三上章が、『象ハ鼻ガ長イ』*という本において、助詞の「は」が主語を示すのではなく日本文に特有の題目を示すはたらきのあることを論証して以来、もともと強調を意味する副助詞（もしくは係助詞）「は」と格助詞「が」の研究が進みました。同書を含む三上の著作から啓発されない日本語の研究者はほとんどいないはずですが、その割に彼の名が一般には知られていないのが実状です。大野晋『日本語練習帳』*にも歴代の東大教授の名が列記されながら三上章への言及はありません。しかし書名であった「象は鼻が長い」という語句は例文として使われています。

「は」の用法は、大野の著書によると四種に分けられています。それは①題目の提示、

*三上章『象ハ鼻ガ長イ』（くろしお出版一九六〇のち『象は鼻が長い 日本文法入門』と改題）

*大野晋『日本語練習帳』（岩波新書一九九九）

②対比、③限度、④再問題化です。このうち①の独立度が高く、他の②③④は互いに重なりあってかなり共通しています。

まず①の「題目の提示」は「話の場を設定する」ことであり、「問題を出して、その下に「答え」がくることを予約するのが役目だ」と説明されています。たとえば、「フランスやイギリスは日本に軍隊を駐留させる権利を得ていた」「日本の裁判所は外人に対し裁判する権利がないものとされていた」「日本自身で決定することはできないことになっていた」のような「は」です。

次の②「対比」とは、「碁は打つが将棋は指さない」や「花は桜木、人は武士」というように使われる「は」であり、③の「限度」とは、「六時には持ってきて下さい」「十日まではだめです」「四時からはあいています」「合計しても百万円にはならない」のように限定を意味する「は」です。

最後の④「再問題化」とは、「私が行くか行かないかはわかりません」のように「は」で導かれた語句（行くか行かないか）を再び問題や話題とするはたらきのことです。他の例で言うと、「美しくは見えた（が、高かった）」や「訪ねては来た（が、遅かった）」のように、すぐ上の判断に留保をつけることにつながるという再度の問題化のはたらきをする「は」です。

これらをまとめると、「は」は題目を提示するというはたらきのほかに、対比や限定や留保などのための強調のはたらきがあるということになります。共通する特徴として、「は」はその部分でいったん切れてすぐ下に続く部分を隔てつつ文末と結ぶということがあります。

ところで「が」の用法については、大野の同書によると二つに分けられます。一つは「名詞と名詞をくっつける」であり、もう一つは「現象文をつくる」です。

まず前者の場合は、「が」がすぐ上の名詞と下に来る名詞をくっつけてひとかたまりの観念にするはたらきのあることです。たとえば、「この芸ができる犬」「彼が病気をして医者にかかった話」「人間がみな聖者にならない限り」などの例では、「が」はそれぞれ「犬」「話」「限り」とくっついてひとまとまりになった名詞相当の句のかたちを作るということになります。

次の「現象文をつくる」とは、「が」の下に名詞が来ないで動詞が来て終わる文のかたちです。「花が咲いている」や「鍵がみつかった」のように、現象を描写する表現になっています。これを「花は咲いている」や「鍵はみつかった」という言い方と比べるとどうでしょうか。「が」の方は発見や驚きを含む現象の描写となっており、「は」の方は何がどうしたという問答の形式になっていることが分かります。つまり「が」はその直前に「花」「鍵」という情報を導き、「は」はその直後に「咲いている」「見つかった」という情報をもたらすという対照的なはたらきがあります。

「象は鼻が長い」という文では、「象は」と問題が出されて「は」のすぐ次に新しい情報が来ることになります。その情報が「鼻が長い」であって、「鼻」は「が」によって導かれたさらに新しい情報です。また「鼻が長い」は一つの現象文になってもいます。

このような文は「私は黄色が好き」というのと同じかたちです。すなわち「私」という話題に関しては「（色の好みで言うと）黄色が好き」というわけであり、この文にことさら主語が二つあると考えなくてもよいのです。

もう少し補足すると、「鼻が長い」は主語・述語の関係ですが、「黄色が好き」は「黄色を好む」と欧文ふうに書き直すと分かるように目的語・述語の関係になっています。つまり日本語の文では主語が重要ではなく、述語が中心的な存在なのです。日本文においては主語がなくても文は成立しますが、述語がないと文が成り立ちません。国語学の学閥から無縁だった三上章は生前学界において無視されていたものの、日本語独自の構文を解明して真に独創的な研究をなしとげました。

なお文章表現ということでは、「は」がもともと強意を示していたので一文のなかではできる限り複数の使用を避けることが上手な表現の秘訣と言えます。短文とはいえ、「象は鼻が長い」という文でも「は」は一箇所でした。

第四章　レポートの特質

レポートとは何か

本書が対象としているレポートという単語の意味は既に定着しています。というのはレポートを辞書で引いてみると、「学生が教師に提出する小論文」（『日本国語大辞典』*『明鏡国語辞典』*）をはじめ、「〔単位認定のために〕学生に出させる小論文」（『新明解国語辞典』*）、「学生が単位取得・学習報告などのために提出する小論文又は研究報告（書）」（『新潮現代国語辞典』*）、「学生が教師に出す小論文」（『集英社国語辞典』*）という大同小異の記述を見ることができるからです。これらによって、日本語のレポートが単に報告や報告書という report 本来の意味を超えて、学校で学習を進めるための一手段であることが分かります。

またここにあげた複数の国語辞典の記述において、共通する単語が「学生」「教師」「小論文」の三語であることに気づかされます。つまりレポートが小論文という性格を持ちながら、そこに学生と教師という学校に特有の人間関係がかかわってくるために一種独特の意味や性格を持つようになるのです。

レポートが小論文の性格を持つと言っても、レポートと論文とは違います。「というのも、論文というのは、レポートのように、与えられた問いに対して答えるだけではなく、問いそのものを自分で見いださなければならないという条件があるからです。言い換えれば、レポートは課題に対する答えを見いだせば、それでいいのですが、論文は問いそのものもまた自分で見つけてこなければならないということです。つまり、レポートなら答えのオリジナリティーだけでいいが、論文は問いのオリジナリティーも要求される」（鹿島茂『勝つための論文の書き方』*）というわけです。

*『日本国語大辞典』第二版（小学館二〇〇一〜二〇〇二）

*『明鏡国語辞典』（大修館二〇〇二）

*『新明解国語辞典』第六版（三省堂二〇〇四）

*『新潮現代国語辞典』第二版（新潮社二〇〇〇）

*『集英社国語辞典』第二版（二〇〇〇）

*鹿島茂『勝つための論文の書き方』（文春新書二〇〇三）

レポートは実用文

文章を書いた経験が少ない人にとっては、世のなかにある文章という姿がすべて同じように見えるかもしれません。しかし小論文であるレポートについて考えるときに大事なことは、それがどういう種類の文章かということです。そこではっきりと認識すべきは、小論文が実用文に属するということです。

文字による表現には大きく二つに分けて、言語芸術の文学とそれ以外の実用文があります。ところが世のなかには擬似的な文学表現も極めて多く見られるので、何が文学で何がそうでないのか区別しにくいことも事実です。単純化して言うと、文学は詩・戯曲・小説・随筆・批評などの形態からなるのに対して、レポートの姿をなす小論文がそれらに属さないことが明らかです。別の言い方をすると、文学がもっぱら創作衝動に発する自己表現であるのに対して、小論文のような実用文は実務上の必要にねざした情報伝達もしくは意見表明となります。

このように実用的な文章のことを仕事文と呼ぶ人がいます。たとえば、「われわれが日常の業務で接する文書のほとんどが、仕事文である。学生諸君が書くレポート・論文もやはり仕事文であるといえる。学生の仕事は、学問だからである」(高橋昭男『仕事文の書き方』[*])というのです。「学生の仕事は、学問だから」学生の書く「レポート・論文」が仕事文だというのは面白い指摘です。学問や勉強を芸術表現と区別する故に、レポートや論文は文学ではなく仕事文になります。

*高橋昭男『仕事文の書き方』(岩波新書一九九七)

また第一章で参照した『独学の技術』では、レポートがアカデミック・ライティングに属すると言っていました。すなわち、「アメリカでは大学で勉強するあいだに書く文章のことを「アカデミック・ライティング」academic writing という。研究計画書、授業のレポート、卒業論文、修士論文、博士論文、学術雑誌の投稿原稿、研究費を申請するための書類、これらはみなアカデミック・ライティングである。アメリカの大学ではアカデミック・ライティングを教えるクラスがあり、大学によっては専門のセンターがあって、学生の個別相談に応じたり、指導したりしている」というわけです。

文学に分野別の形態があるように、実用文にもいくつかの形態があります。企業や官公庁などでの報告書・企画書・提案書・説明書のほか、大学ではアカデミック・ライティングと総称される文書があり、その一つが小論文です。

実用文の発想

日本人は文学が大好きです。文章を書こうとすると、おのずから文学的な筆致になるのが大方の人々にありがちです。その早い指摘として、「日本人は、余韻、余情、言外の意味を特徴とする俳句的詩文の領域では世界に誇る伝統と才能をもっています。〔略〕徒然草的随筆にかけては、日本人は天才的才能に恵まれているとさえ思います。ところがあまりにそのような才能に恵まれているために、われわれは学問的、理論的主張をする場合にも、それをいつのまにか俳句的、徒然草的なものにしてしまう傾向があります。その好例が『朝日新聞』の「天声人語」です。あの欄には、文学的には優れており、日本人の読者なら読んでなんとなくわかったような気になるけれども、外人にはチンプンカンプンの論評がよく見られます」（前出『論文の書き方』）という言い方が既にありました。

しかし日本で長く学校教育を受けて育つと、自分の文章が文学的であることさえ気づかないことになります。たとえば日米の大学生に同じ題で文章を書かせた結果を見ると、このことが明確になるでしょう。大井恭子『英語モード*でライティング』には、「結婚」という共通の題で日本とアメリカの大学生に短い文章を書かせた際の代表例が掲げられています。原文は英語ですが、ここでは日本語訳の方を転載してみます。はじめが日本人、次がアメリカ人の文章で、ともに大井恭子訳です。

*大井恭子『英語モードでライティング　ネイティブ式発想で英語を書く』（講談社パワーイングリッシュ二〇〇二）

僕は今一八歳であり、結婚について真剣にこれまで考えたことはない。なぜならそれは自分にとって遠いものであるからである。二七歳か二八歳で結婚できたらと思っている。しかしそれは真剣な望みというわけではない。今、僕は同じ演劇サークルにいる女の子に恋している。しかし、彼女が僕のことを好きなのかどうかわからない（彼女も僕のことを好きでいてほしいと望むけれど…）。彼女と結婚するかどうかわからない。どっちにしても、結婚は真剣な話題というわけではない。

「なぜ我々は結婚するのだろう」、あるいは、現代的なタイプの人であれば、「なぜ同棲するのだろうか」という質問になる。答えは「不安だから」、そして「男は女を必要とし、女は男を必要とする」。しかし、このクリシェ（常套句）は必要性というものを正しく説明していない。なぜ異性を必要とするのか。性的充足というだけでは十分な説明になっていない。他の動物は生殖のための相手と一シーズンを越えて一緒にいることはない。ある種の動物に至っては一シーズンさえも一緒にはいない。親密な交わりのため、というもう少しましな答えもあるが、これとても十分な答えにはなっていない。我々はみんな幾人かの友人を持っている。なぜ、一人だけをそれほど重要視して他の友達を少なくとも部分的に排除する必要があるのか。「生活を共にしたいから」か。しかし、この一緒にいたいという希求は「ロマンティック」というには程遠く、利己的ですらある。我々は苦難に一人で耐えなくても済むように他の人と一緒にいたいのだ。（Kane, 1988）

これらを読み比べると、両者の発想の違いが一目瞭然です。あたかも日本の大学生が「あなたはいつ結婚するつもりか」と問われているごとく述べているのに対して、アメリカの大学生の方は「なぜ人々が結婚するのか」という問いかけを追究しようとしていました。これは主観的な発想と客観的な発想との違いです。

しかし日本の大学生の文章を読んで違和感を持った人がどのくらいいるでしょうか。日本で生まれ育った人なら、一読して親近感さえ覚えるような文章ではないでしょうか。ことほどさように我々日本人は主観的で身辺雑記風の発想をしがちです。一方アメリカ人の場合は与えられた話題を客観的な場に持ち出して考えようとする習慣がついていることになります。

日本人とアメリカ人もしくは日本語と英語では、他にも同様の傾向があるようです。「たとえば、私などは、日本人が日本語で書いた論文を読むと、何が言いたいのか理解できずにイライラさせられることがあるが、アメリカ人が、英語で書いた論文だと、そうした苦痛を覚えることは、まずない。論理的で、理解しやすいのである。ビジネスレターなども同じで、アメリカ人が書いたビジネスレターには、「もしかしたら、こういうことだろうか」という推論が生じる余地がほとんどない」（篠田義明『ビジネス文 完全マスター術』*）という経験談がありました。日本人に多い主観的な書き方は第三者に通じにくいからです。

このような違いは英語が論理的な言語で日本語が非論理的だという意味ではありません。小・中学校での国語教育、特に作文教育の違いによると言えます。同じ著者によって、「私は文章の書き方の指導をミシガン大学で受けた。欧米では日本とまったく違い、作文術を徹底的に指導している大学が多い。つまり、大学に入学すると「フレッシュマン・イングリッシュ」で、文章の論理的な書き方の指導が行われ、三年、四年、大学院でさえも、専門分野のレポートの書き方について講座が設けられているほどだ」（同『コミュニケーション技術』*）とあるごとく、学校教育における文章観の違いが決定的だったのです。

日本の学校では、多くの人が思い当たるように、読書感想文や夏休みの思い出という主題で思ったことを自由に書くように指導しても、物事を客観的に議論するような「文章の論理的な書き方の指導が行われ」なかったというのが実情です。ところが、レポートのような実用文にあっては、主観的で身辺雑記風の発想から抜け出して、客観的で公共的な視点に立った発想をすることが求められます。これからは今までの文章観を見直して、実用

＊篠田義明『ビジネス文完全マスター術』（角川oneテーマ21 二〇〇三）

＊篠田義明『コミュニケーション技術 実用的文章の書き方』（中公新書 一九八六）

文にふさわしい発想をするように努めることがレポート執筆に近づく第一歩だと言えましょう。

二様のレポート

レポートは二つに分けられるという意見があります。すなわち、「学生が書かされるレポートは、学習レポートと研究レポートとに大別できよう」(木下是雄『レポートの組み立て方』[*])という見方です。同書では続いて、「前者は、講義で教えるべき内容を課題として、それについて自習させることを目的とするもの、後者は、教師が与えた課題について学生が主体的に研究し、多少とも独自の見解に到達することを期待するものである。研究レポートは研究論文の習作とみてもいい」とあります。

この説明をもとに図式的に考えると、「学習レポート」はほぼ学部の課程に該当するのに対して、「研究レポート」は主に大学院課程に当てはまります。なぜなら「研究レポート」が「研究論文の習作とみてもいい」とあるのは、もともと大学院が研究者を養成する機関であって、研究者を志望する大学院の学生が「研究論文の習作」を書く経験を積みながら将来一人前の論文が書けるようになるための訓練の場であるからです。そこから「研究レポート」に「多少とも独自の見解に到達すること」が期待されるのに対して、必ず「独自の見解に到達」していることを求められるのが本来の「研究論文」や学術論文です。

「学習レポート」はそのような「研究論文の習作」ではなく、自学自習の結果を示すという、いかにも大学初年次での教育に当てはまる性格を持っています。それゆえ「学習レポート」

＊木下是雄『レポートの組み立て方』(ちくま学芸文庫一九九四)

には「研究レポート」のような「独自の見解」が期待されないのです。これは新説や創見を含む研究結果までも学生には求めないという意味であって、学生自身の個性の発露を望まないわけではありません。みずから学習した結果を報告してもらおうとするときに、借り物でない個性的な発想法や視点が期待されるのは当然です。

ところがわが国の学校教育では、このようなレポートを書くための訓練がこれまでほとんどなされませんでした。木下是雄の前掲書でも、「この書物では、大学生のレポートのなかでは、研究レポートだけを対象として取り上げる」とありました。巻頭の「はじめに」で言及したように、他の多くの類書でもレポート・論文もしくは論文・レポートと言っても、「学習レポート」に関する言及がないのが実態です。本書ではそういう現実を認めつつ、どこまでも対象を「学習レポート」に特化して、その書き方を指導しようとしています。

応答の姿勢

レポートや論文の特色はそれを読む読者について見るとより明確になります。論文は研究者によって書かれ、通常は研究者の所属する学会の機関誌に掲載されます。それゆえ読者は同じ学会の構成員であり、大きい場合には万を超す会員のいる学会もありますが、小さい学会では数百人という場合もあります。学会というのは特定の専攻分野によって分かれているので、論文の読者はおおむね特定多数（もしくは少数）ということになります。ちなみに随筆やエッセイと言われる文章は多く新聞や雑誌に掲載され読者を選びません。その際の読者は他の芸術作品の享受者と同じように不特定多数であると言えます。

それらと対照的なのがレポートです。というのもレポートに限って、その読者が一人きりだからです。つまり出題者が読者を兼ねているのです。これは学部課程のレポートにおいて典型的です。大学院などでの「研究レポート」では、同じ学習集団で合評会が開かれることが多くレポートは複写されて複数の人々に読まれますが、「学習レポート」では出題者である科目担当の教員のみが読者です。それは言い換えるとレポートの読者が常に単独であることを意味します。

読者が単数であるか複数であるかというのは大きな違いです。学部課程で書くべきレポートの特質はここに極まることになります。すなわち「学習レポート」で大事なことは応答の姿勢です。言い換えればコミュニケーションと言えます。第一章で引いた『独学の技術』でも、「勉強とはつまるところコミュニケーションなのである」とありました。

そこでは学生から見ると一対一の関係になりますから、相手に正対することが肝要です。すなわち出題者の要求に沿わない限り高い評価や合格は望めないわけです。これについては第九章で後述しますが、課題内容を完全に理解して、その要求に応えることをしなければレポートを書く意味がありません。これはたとえば手紙の往復を想起するとよく、もっと言えば歯車を思い浮かべることです。つまり課題という歯車にぴったり合うようにレポートの歯車を形成しなければならないのです。

読者の関係でもう一つ注意すべきは、これを教師という出題者から見ると一対多となることです。出題者は一つの課題のもとに書かれた多数のレポートを読むわけであり、おのずから多くのレポートを比較対照する結果、多くの人々が陥りやすい誤りや考え方の傾向が瞬時に見えることになります。そういうレポートの読まれる状況を想像するなら、大多数の傾向に流されず自分なりの個性や視点を生かした見方や考え方を形成することがいかに大事か分かるでしょう。

忙中閑話 [四] 「やはり」は癖になる

日本人が会話のなかで最も多く使うことばは何でしょうか。それは恐らく「やはり」もしくは「やっぱり」だと思われます。これはテレビやラジオの生放送にほんの少し耳を傾けるだけで分かることです。その際の特徴は話している本人がほとんど無意識に使っているということです。「やはり」「やっぱり」を抜きにしては日本語が使えないと言ってもいいほどです。というのも気をつけていると、日本語を自由に操る外国人も例外なく頻繁に「やはり」「やっぱり」と言っているからです。そこから「やはり」「やっぱり」には日本語という言語の性格にねざした固有の意味や用法がひそんでいることが分かります。

「やはり」を辞書で引いてみると、「前の状態とか他のものとかと（結局は）違わないこと、予想・期待通りであることを表す語」（『岩波国語辞典』*）とあります。すなわち「違わないこと」「予想通り」「期待通り」という意味が込められていると言えます。これはわたしたち日本人の心の底に他の人と同じでありたい、違っていたくない

＊『岩波国語辞典』第七版（二〇〇九）

という気持が根強く存在していることの現れではないでしょうか。このことについては、スペイン在住の長かった作家の堀田善衛が早くにテレビ放送で語っていました。

日本の人は、私も含めてそうですけれどね、しきりに「やっぱり」って言いますよね。ヨーロッパの「なぜ……であるか」「なぜならば」でつないでいく会話にさんざんくるしめられていますと、こっちへ来ましたら「やっぱり」っての、非常に多いんですね。そして、「なぜ」とか「なぜならば」というような、つぎ穂の仕方ってのはあまりしないんですね。

僕思うにね、「やっぱり」っていうのはね、「なぜならば」と自分を主張するんじゃなくて、人と重なる部分に意味を見いだしていきたい。たとえば野球の選手がですね、ポカーンとホームランを打ってね、あとでインタビュー受けるでしょ。「やっぱりあれは」って言うんですね。自分は独自に、つまり自分だけの力でホームランを打ったのにね。にもかかわらず、「やっぱりあれは」、シュートならシュートでね「球と重なって」ね。どうもそういうふうなのが非常に多いようですね。

（一九八六・五・二三『朝日新聞』）

最近のインタビューでは、まず「そうですね」と受ける例が圧倒的となっています。しかし「そうですね」も堀田善衛の言うように、「人と重なる部分に意味を見いだしていきたい」という気持の現れだと言えます。つまり日本人に共通の性格として、自分を「主張する」よりは人と重なっていたいという気持の方が根強いというわけです。

イギリスやアメリカの大学で教えたことのある板坂元は、より早く『日本人の論理構造』[*]で対談での記録を例に引きながら、「やはり」が「自己の知識や判断に関しての話し手の心的態度を示す」と述べていました。それはすなわち、「自分の知識なり判断が、自分の外部に何か動かしがたいものとしてもともと存在し、好悪是非をこえて自分はそれにしたがわざるを得ないというのがやはりという副詞の持つ意味なのである」とするだけでなく、「われわれは、自らの知識や判断の客観性について、やはりを挿入することによって、無意識のうちに、その限界や程度を示そうとつとめているのである」と指摘しています。伝統的な日本人の心性を洞察した、日本語の話しことばに特有の言い回しに敏感な人の指摘です。

これを前にもどして考えると、「やはり」は「なぜならば」や「というのは」という因果関係の説明を省略した言い方となります。「やはり間違っている」と言えば、「あなたは既にお分かりのように」という気持が込められているので、原因や理由の説明を飛ばしてしまう便利重宝な言い回しになるのです。言い換えると「やはり」を文章のなかで使うことは読者に対する一方的な同意や共感を当てにすることになります。それゆえ安易に「やはり」を使っていると、いつまでたっても因果関係に基づいた論理的な考え方ができるようにはなりません。書きことばでは「やはり」に頼って論証を省略することなく、根拠を示しながら意見を述べるように努めることが筋道立った文章表現への近道と言えます。


*板坂元『日本人の論理構造』(講談社現代新書　一九七一)

第五章　レポートの要素

二大要素

レポートはどのような要素から成り立っているでしょうか。それは千差万別というべき多様なレポート課題からおのずから決まることです。しかし多くの課題に共通する性格から強いて一般的に考えれば、事実と意見という二つの要素に帰着します。前章で参照した『レポートの組み立て方』では、「レポートを書く上での最も基本的な心得は次の二つである」として、次のように述べていました。

（a）レポートには、調査・研究の結果わかった事実を客観的に、筋道を立ててまとめて書く。この部分が主体で、これだけで終わっていい場合もある。

（b）レポート中に書き手の意見が要求される場合には、それが（事実ではなく）意見であることがはっきりわかるように書く。意見の当否を検討できるように、意見の根拠を明示しておくことが肝要である。

つまり、レポートに書くべきものは、事実と、根拠を示した意見だけであって、主観的な感想は排除しなければならないのである。この点に、レポートといわゆる作文との大きなちがいがある。

このようにレポートを構成するものは単純に事実と意見の二要素であることが明快です。ここで大事なことは、文章の最後に「主観的な感想は排除しなければならないのである」と強調されていることです。つまりレポートの二大要素は事実と意見のみであって、そこに個人的な主観に基づく感想の入り込む余地はないということです。ここにも前章で確認したごとく、レポートが実用文であって文学表現ではないことの一面がはっきり現れています。

事実の基本

レポートに必要な事実とはどのようなものでしょうか。それらは学問の分野に従って、自然・社会・人文に分けて考えられます。つまり自然科学における自然現象、社会科学における社会現象、人文科学における作品というように、それぞれの事実をそれぞれの学問の対象に即してみると分かりやすくなります。

たとえば武蔵野美術大学の通信教育課程では、かつて自然科学に属する生物学の課題に、「皆さんの身近にある植物生態系あるいは農業生態系を観察し、その生態系の生い立ち、生物の共生関係などについて具体的に説明しなさい」（『学習指導書』*二〇〇二年）とありました。ここで観察の対象となっている「生態系」とは相互に関連する動植物の営みであり、自然現象ととらえることができます。この課題を補足した文章には、「その生態系を構成する植物、昆虫、動物などを観察し」云々とあったように、自然界における動植物の生存の状態がそのまま自然現象という事実になるわけです。このほか自然科学には物理・化学・医学・心理学・工学・天文・気象などの分野があり、自然界における様々な自然現象が事実となります。

同じく社会科学に属する「民俗学」には、「寺社・小祠に寄進された奉納物を調査し、

＊『造形文化科目・教職に関する科目 学習指導書』（武蔵野美術大学通信教育課程二〇〇二年度）

庶民信仰のあり方について考察せよ」(同)という課題がありました。この課題の補足に、「対象となる奉納物には、たとえば鳥居や玉垣、常夜燈、狛犬、絵馬などがあげられる」とあったように、民俗学の一対象である「奉納物」の実態が社会現象としての事実です。政治・経済・法学・社会学など、社会科学の分野では社会を形成する人間活動の結果が社会現象という事実になります。

さらに人文科学には文学・歴史・哲学・美学・美術史学・音楽学などがあり、研究対象である各分野の作品が事実と言えます。そのうち文学や歴史や哲学は言語作品であるので作品本文が事実であり、美学や美術史学もしくは建築史やデザイン史などは造形作品が、音楽では楽譜や演奏の実態などが事実の中心的な部分と言えます。

事実を辞書的に解釈すると「実際にあった事柄」ですが、レポートの要素としての事実となれば、学問の対象としての現象や作品が事実となります。レポートを書く上では、それら中心的な対象をなす事実の周辺にある大小様々の事実に気づくことになるでしょう。このような事実はそれが正確である限り、何人も認めざるを得ない普遍的な性格を持っています。したがって事実やその記録を効果的に使うことがレポートに必要な客観性や公共性を付与することになるのです。

意見と事実の関係

レポートに必要な意見とは、言うまでもなくレポートを執筆しようとする書き手自身の意見です。これをレポートや論文の書き方を教える本のなかでは主張と言っている場合が見られます。たとえば、「レポートというのは、あることがらの報告や説明ではなく、それについての分析であり、意見であり、主張なのだ」（樋口裕一『やさしい文章術』[*]）とあり、論文については「問いに対して明確な答えを主張し、その主張を論証するための文章である」（戸田山和久『論文の教室』[*]）とあります。つまりレポートの一要素である意見とは「主張」と言い換え可能だと確認できます。

　そこから意見や主張を述べるには説得力が不可欠ということになります。大学における学術文書という視点からも、「アカデミック・ライティングは読む人を説得する文章である。レポートならば、読んで採点する先生が、なるほどと納得する内容でなくてはならない。〔略〕「私はこう思う」といくら書いても説得的にはならない。読む人を説得するには、あなたの主張を支える論拠がなくてはならない。論拠になるのは、現象の観察から得られた事実である」（前出『独学の技術』）とありました。同様に、「仕事文、とくにプロポーザル（企画提案書）では、説得力が不可欠である」（前出『仕事文の書き方』）とも言われていました。

　結局レポートや論文が文学と異なるのは説得力の有無です。文学が感銘や感動を目標とする芸術的な言語表現であることに気づくなら、それとは対照的な実用文の特色が説得にあると分かります。というのは説得が論理や理屈によって相手を納得させることであるのに対して、文学は論理や理屈を語ることなく、描写や会話や内的独白などによって読者の共感を直感的に呼び起こし、論理や理屈を超えた感銘や感動に浸らせようとするからです。このような説得力を発揮するには「主張を支える論拠」が必要ですが、これは根拠と言っても変わりません。意見を述べるには、「意見の当否を検討できるように、意見の根拠を

＊樋口裕一『やさしい文章術　レポート・論文の書き方』（中公新書ラクレ二〇〇二）

＊戸田山和久『論文の教室　レポートから卒論まで』（ＮＨＫブックス二〇〇二）

明示しておくことが肝要である」（前出『レポートの組み立て方』）とあっただけでなく、「根拠を示した意見」（同）という言い方も成立します。さらにこういう「論拠」や「根拠」について、「論拠になるのは、現象の観察から得られた事実である」（前出『独学の技術』）とあったごとく、レポートの二大要素である事実と意見の関係が明らかになります。

すなわち、「レポート・論文というのは、事実によって裏づけてこそ、説得力が生まれる」（前出『やさしい文章術』）とも言われるように、意見を主張して説得力を示そうとすれば客観的な事実が欠かせません。逆に言うなら、根拠や論拠が誰の前にも共通の事実から成り立っていれば、その意見は読む者が納得せざるを得ない説得力を発揮します。主観的で私的な感想やひとり言ではなく、他に対して説得すべき主張を持った意見であるためには、意見の妥当性を保証する根拠が必要であり、そこに客観的な事実が求められるのです。

それは誰の意見か

多くのレポートのなかに時おり見かけられるものに、他人の意見をあたかも自分の意見のように書いた文章があります。これは盗用や剽窃《ひょうせつ》というたぐいの窃盗であり、みずから考えることを放棄したことを明示しています。勉強や学習が他の誰のためでもなく自分のためであることに気づくなら、何のために学籍登録や科目履修してまでレポートを書くのか分からないことになります。これまでレポートを書いた経験がないと、自分の考えをどのように意見としてまとめてよいか当惑することが想像されますが、大学生らしい勉強をしようと思うなら、まず自他の意見の区別をつけることが学習の第一歩であることを肝《きも》に銘ずべきでしょう。

一方で他人の意見は限りなく事実に近いということがあります。というのも学習者が参照すべき文献は多く書籍という事実で残されているからです。学問上の名著の内容を理解しつつ学習を進めていくことが正攻法の勉強ですから、勉強や学習はまず先人の意見を知ることから始まります。ところが名著と言われる書籍のなかの名論や卓説はすでに多くの人々に知られているので、ほとんど過去の事実と言えます。すなわちかつて広く時代に通用した名著であっても、その内容は当時の状況とともに時間によって固定され動かない事実になっているのです。

そのように他人の意見が事実と同様であるのなら、レポートには過去の事実の復習だけでなく、自分の意見を書く必要があろうというものです。言い換えると科目履修したから単位を得るため義務的かつ受動的にレポートを書くのではなく、レポート執筆という折角の機会を生かして、みずから考えた意見を表明することに積極的な意味を見いだしてほしいのです。というのは過去の事実に等しい他人の意見と違って、これからレポートに書こうとする自分の意見は紛れもない今日ただ今の新しい生の見解だからです。つまり自分の意見をレポートに書くことは、既に世を去った過去の人々と異なり、未来に接して日々変貌しつつある現在の状況のなかで現に生きている自分自身の存在のあかしを示すことになります。

感想は不要か

レポートに「主観的な感想は排除しなければならないのである」（前出『レポートの組み立て方』）と言われても例外があります。というのは学部段階では「感想」がレポートに求められる場合もあるので、その際はそれ相応に対処すべきだからです。前に引いた『学習指導書』（二〇一〇年）にもそのような課題がありました。

たとえば「歴史学」の第一回の課題は、「教科書の各章から、自分が関心をもった章を一つ選び、その内容をまとめよ」でした。それだけでなく課題を補足した文章には、「字数は約2000字なので、そのうちの四分の一ぐらいは自分の感想や考えたことを書くとよいでしょう」「最後に「まとめ」・「終わりに」・「最後に」などの形で自分の考えや感想を書いて下さい」とありました。これによると、意見を主張して根拠や論拠をともなった論証をしなくてもよく、要約に付け足すかたちで「考えや感想」を述べてもよいことになります。第一回なのでやさしい課題にしたと言えるでしょう

また「日本美術史」では第一回・第二回ともに、「以下の課題について学習したこと、感じたことを自由に述べなさい」とありました。「以下の課題」のなかには、「表現上の特色を述べなさい」や「作品を挙げて特質を論じなさい」とあるので、なかなか「感じたことを自由に」述べるわけにはいきません。思わず苦笑のこぼれるところですが、何となく出題者の気持が分かります。この課題では「特色」や「特質」について自分の意見を述べなければなりませんが、それほど厳密な論証を要求されていないと思えば、少し気が楽になるというものです。

このようにレポート課題と言っても、「感想は排除しなければならない」という語句が一律に適用できるとは限らないという現状があります。ここにはまた大学教員の気まぐれと言われてもしかたのない一面が現れてもいます。一方今や七〇〇校以上にふえた日本の大学のそれぞれに固有の現実があるので、「研究レポート」ではない「学習レポート」に画一的な水準を想定することができないとも言えます。

感想からの出発

感想をレポートに書いてよいとなると、ほっとするでしょう。感想でよいのなら気が楽になると思う人は多いはずです。というのも感想は自然発生的なものであり、意見を書いたことがない人にはなじみやすいからです。実は感想はレポートにとって大切なものです。なぜならそれは意見を作りだす源泉になるからです。

他人の意見を写してただ事足れりとせずに、自分の意見を作りだすのは慣れないと並大抵ではありません。その際に大事なことは疑問を持つことであり、質問を発することです。この世に何の問題もないと思えば疑問などわいてこないものです。しかし現実の世界が常に理想の世界であって何の不都合もないということはあり得ません。また耳目に触れる事物すべてが分かりきった当然のことではないはずです。具体的には意識して「なぜ」「どうして」という問いを発することから始まります。

感想はそのような問題発見の知的作業を進める動機となります。心に生じた素朴な感想を無視しないことが大切です。幼い子どもがはじめて触れるものに対して自然発生的に生じる心のはたらきを初発の感想と呼びますが、それは素朴で純真なだけに深い印象となり永続します。そういう感覚を呼び戻したいものです。

感想はレポートの紙面に書くべきことではありませんが、メモや下書きには遠慮せず書き残しておくとよいのです。感想と言わずとも、思いつきや発想をチャートに書くことを勧める本があります。ここではそういう作業に深入りしませんが、書きしるした感想を見つめて考えを深めながら、それを問題発見へとつないでいくことが重要です。感想から出発する意識的な知的作業が習慣になれば、日々の生活がいかにも勉強する人らしい考える時間の連続になります。感想とはそういう意味で大切な心のはたらきの結果なので、普段から心をひからびさせないことが肝要です。みずからの感受性を常に瑞々しく保って生き生きとした精神生活を送るように心がけたいものです。

忙中閑話［五］　漢字とかな

日本語の表記の特徴は何種類もの文字を交ぜて書くことにあります。普通には「漢字かな交じり文」と言って、漢字にかなを交ぜる書き方です。漢字が主体でかなを補助的に使うのが基本だからそう呼ばれていますが、かなと言ってもひらがなとかたかながあり、アルファベットによるローマ字も日本語として通用するので一度に何種類もの文字を使う、世界でも珍しい独特の表記法です。アメリカ出身の作家であるリービ英雄はそのような日本語の表記から受けた印象を、「ひらがなと漢字が交じる文章に、なまめかしい魅力がある。街の看板などの文字が鮮烈でした」（二〇〇一・五・二〇『朝日新聞』）ととらえていました。

文字が何種類もあると、単語としては何通りもの書き方があることになります。春になって「桜が咲いた」、今「さくらちゃんはどこ?」、入試の結果は惜しくも「サクラチル」という具合です。また日本は「にほん」か「にっぽん」かというように、表記ばかりか発音にも幅があるのが日本語の大きな特徴と言えます。アルファベットという一種類の文字を使うヨーロッパや、漢字のみを使う中国などとはまったく異なる文字の書き方をするのが日本語の表記です。

したがって日本語の文章を書くにあたっては、一つの語を表記するのに漢字やかなのいずれを用いるのか判断するということが常について回ります。最初にまず、かなで書くか漢字で書くかを判断しなければなりません。かなの場合は二種しかないので比較的簡単ですが、次に漢字ならどの漢字を使うかを判断する必要があります。ところがこれは「合う」「会う」「逢う」のように同音の文字がいくつもあってかなり面倒だという事情があります。

それはどうしてかと言えば、日本語の音の単位と言うべき音節数が他の外国語に比べて少なく同音語が極めて多いことから来ています。これは日本人のほとんどが長い間狭い島国に住み続けてきたために、複雑な発音を駆使して会話をする必要がなかった結果によるでしょう。このことについて、ある文章読本は次のように述べていました。

日本語の音節数は約百四十。英語の音節数は約四千（七千という説もある）。天地のあいだのあらゆることを、片方は百四十の音節であらわし、他方は四千の音節であらわす。百四十の方は、すぐに手が詰まる。詰まれば、もう仕方がない、同じ音の言葉を次から次へとつくり出すしかない。同音語があちこちで衝突するわけである。そしておもしろいことに、この同音衝突地獄に救いの手をさしのべているのが、じつにわが漢字なのだ。ヨーロッパの言語などでは、同音が衝突した場合、混乱を避けるためにどちらか一方の語が、別の語に置き換えられてしまうらしい。たとえばかつて発音の異っていた英語のquean（女）とqueen（女王）が音声変化によって同音語となったために、現在ではqueanはほとんど使用されず、「女」を意味する場合にはwomanで置き換えられている（三修社『音声学大辞典』）。つまり発音が同じで、意味もまたよく似ている二つの語は原則として両立しないのである。ところが日本語の場合は、公演と好演、香煙と鉱煙、口演と講演、いずれも両立する。つまり「日本語に於ては表記も言語の一部と受けとられるため、発音が同じでも文字が違えば衝突しないのである」（鈴木孝夫）。もっといえば、漢字をちらと思い浮べることで衝突が回避されるのだ。漢字をなくしてしまったら、公演と講演をどうやって区別するのだろう。「芝居のコウエン」（公演）、「ひとりで喋るコウエン」（講演）と、随分ややっこしいことになるのではないか。

（井上ひさし『自家製 文章読本』新潮文庫 一九八七）

同音異義語は勿論のこと、日本語には「発音が同じで、意味もまたよく似ている」語の多いことにあらためて驚かされます。それらも結局は同音異義語と言えますが、「その口吻はなんだ」と言う先生に対して、「わたし興奮してません」と高校生が答えたという場合には、「漢字をちらと思い浮かべる」際の思い浮かべ方に誤解があったことになります。そのような誤解のもとはと言えば漢字や漢語の知識の差によります。同じく「あう」と発音しても、物と物が「合う」、人と人が「会う」、思いがけず「逢う」等々と微妙に意味の異なる同音かつ同訓異義語があるように、日本語は漢字によって語彙を豊富にすることができているので、同音異義語については書かれたものによって漢字の知識をふやしていくことが望ましいのです。

そこで「漢字かな交じり文」である日本語表記に際しては、漢字とかなの書き分けをどうするかということになります。基本的には漢語は漢字で和語（やまとことば）はかなで書くことが原則となります。公演・講演・好演・口演という同音語も漢字表記によれば誤解が生じません。また熟語は漢字とかなの交ぜ書きにしないで漢字で書くべきです。「特ちょう」と書いたのでは「特徴」（特別のしるし）か「特長」（特別の長所）なのか区別できません。

音読みの熟語はそれでよいのですが、漢字の訓読みが和語だからとかなで書くと、「はな」が「花」か「鼻」かすぐには分からないことがあります。そのような漢字表記の定着している訓読の語は漢字で書く方がよいのです。一方かなで書くべき和語が漢字になっている場合もよく見られます。名詞の「ため」（為）や「まで」（迄）などのほか、接続詞の「また」（又）や接尾語の「たち」（達）だけでなく、「ある」「ない」などは現在かなで書く和語の代表的な例です。最近テレビなどの画面で文字情報を表すときに「為」「又」「達」などを使っているのは、限られた画面での瞬時の認識効果をねらっていることによります。この点ではレポートのような文章表現と性格が違うので区別する必要があります。

このように日本語の文字表現においては、漢字やかなの表記をどうするかいつも意識しなければなりません。それは文章を読みやすくするためでもあります。最近はほとんどかなばかりで書かれた文章がある反面、文字入力ソフトの普及からか妙に漢字の多い文章も見かけられます。「漢字かな交じり文」では、漢字とかなの適切なバランスを考えながら漢語と和語の区別を意識しつつ、当面することばに対してどの表記を選ぶのかという書き手の主体性が常に求められるわけです。

第六章　レポートの構成

三部構成

レポートの構成について思い出されるのは、起承転結という四字《しじ》熟語です。これは文章の書き方に関する本を読まない人でも知っている、日本人の常識のようなものでしょう。ところがレポートや論文に起承転結は当てはまりません。というのは起承転結というのが、もともと漢詩のための用語だからです。五言絶句や七言絶句といった漢詩の構成を簡潔に表すのに便利な熟語であったのが、普通の文章表現にも応用できると思われたのが誤解の始まりでした。文学作品である漢詩のための用語が本書で対象としている非文学的な実用文に通用しないのは当然です。

前に参照した『レポートの組み立て方』の著者も、起承転結の熟語を外国人が日本人のレトリックとして認めていることに触れながら、「しかし私は、起承転結というレトリックは文学的効果をねらったもので、レポートや論文とは無縁だと考える」と述べていました。そこで起承転結に代わるものとして紹介されていたのは、序論・本論・結論という三部構成です。これは既に定評のある澤田昭夫『論文の書き方』（前出）*『論文のレトリック』や河野哲也*『レポート・論文の書き方入門』などにも紹介されている基本的な構成です。

この構成法では、序論で問題のありかを提示し、本論で問題に関する議論を展開し、結論で最初に出されていた問いに答えを結びあわせて締めくくるという構成になります。これを起承転結と比べるなら、三部構成には「転」に相当する部分がないことが明白です。つまり起承転結の「転」がいかにも文学という言語芸術らしい遊びの部分であり、論理を重視する直線的な文章ではそういう遊びがかえって論述の緊密度を弱める結果を招くのです。

＊澤田昭夫『論文のレトリック』（講談社学術文庫 一九八三）

＊河野哲也『レポート・論文の書き方入門』第3版（慶應義塾大学出版会 二〇〇二）

三部構成と聞くと紙面を単純に三分割すればよいと勘違いする人もいます。というのは序・本・結の比率をきれいに三等分したような紙面を見かけるからです。そこには起承転結からの連想がはたらいたのでしょうが、三部構成の文章では本論が主役なので、序論と結論は短く簡潔にすることが基本です。つまり序論と結論が各一割から一割五分、本論が七割から八割、全体としてほぼ一対八対一くらいが妥当です。ただし序論と結論では、序論の方が若干長くなります。というのも序論では次に続く大きな本論を導くための段取りをしなければならないからです。片や結論は直前の本論で言うべきことを述べた後なので、簡潔にまとめることが秘訣です。長大な論文になればそれだけ本論の部分が大きくなるので一律には言えませんが、二〇〇〇字前後の文章であれば、本論に八割ほどの字数を当てることによって三部構成の比率が決まります。

三部構成の実際

これまで起承転結という語が広く行きわたっているせいか、三部構成で書かれた短い文章にお目にかかることはめったにありません。次に紹介する文章はいわゆる小論文ではなく、「道徳アレルギー」という題の随筆ですが、この章で述べてきた三部構成の形式に当てはまっています。なお構成のしくみを分かりやすく示すために、二箇所に＊印をつけて文章を分けてみました。

道徳教育を専門にしている教育雑誌社の編集者から、電話があった。インタビューしたいという。女性の声だった。

「申し訳ありませんが、道徳という言葉を聞くとアレルギーを起こすタチなので……」と答えたら、相手の声ははずんできた。「そこをおうかがいしたいのです。なぜ拒絶反応を起こすのか、ぜひうかがわせてください」。敵もさる者、なかなかの編集者とお見受けした。数日後、彼女はカメラマンとテープレコーダーを持って訪ねてきた。私は、なぜ「道徳」というと感情的に反発するかを説明したが、話し言葉なので意に満たぬ点もあった。ここでもう一度、道徳アレルギーのよってきたる由縁を書いてみたい。

＊

第一の理由は、道徳はいうべきことでなく、行うべきものだという点にある。自分でそれを実行することさえ至難であるのに、人に説教するとはどういうことか。少々恥ずかしさに欠けるところがあるのではないか。それに、何かというとすぐ重々しく道徳を持ち出すが、自分自身については蜜のごとく甘いという人をしばしば見かけるのは、私の経験則の一つになっている。とくに日本の政治家ほど道徳を説くことが好きな政治家は、自由社会では他にない。施政方針演説でも、人倫を説いている。私は、道徳を教えてもらうために投票しているわけではないし、選ばれた政治家が市民と比べ、とりわけ徳高い人であるよう求めているわけでもない。政治で動く金一つみても、政治家たちがせめて一般市民の道徳水準にまで達してくれればと願っているだけだ。

第二の理由は、道徳は他人に命令されるものではなく、自分が自分に命令するものだという点にある。本人がそうしたい、あるいはそうしなければならないという心になるのが道徳の根本だ。同じように善いことをしても、人に命令された結果であれば、それは服従に近い。戦時中の日本軍は人前ではまことに整然とみえたが、一度タガが緩むと、無法集団と化した多くの例がある。恐怖や規律によって成り立つ集団だったからであろう。

第三の理由は、道徳はしばしば形骸化し、現状是認の柱になるという点である。因習を権威づけて、たいそうなことのようにいう。普遍的道徳という名によって、既成価値を擁護するのが「道徳的」で、これに挑戦するのは「背徳的」だと非難される。道徳ほど多数と現状を頼りにするものは、他に少ないかもしれない。新しい価値は、まず少数によってもたらされるものだという事実に、道徳家はあまり寛容ではない。

*

以上のような道徳アレルギー反応を読みながら、読者諸賢は、こうしたアレルギーが実は、いわゆる「道徳」というものに対する嫌悪であることに気づかれたであろう。たとえば第一点は、他人に求めるより自分で行う人間でありたい、ということになる。第二点は、自分の主体的な道徳を持ちたい、ということになる。第三点は、他人に対し寛容でありたい、ということになる。

道徳に反対するために、他の道徳をもってするという点では、はなはだ道徳的な主張になってしまったようである。

(『深代惇郎エッセイ集』朝日文庫 一九八一)

これは全体の字数が約一三〇〇字弱の短い文章ながら、典型的な三部構成の形式です。まず序論に当たる部分は短い二つの段落からできており、問題が日常会話ふうに提出されています。筆者である「私」が「なぜ「道徳」というと感情的に反発するか」という質問のかたちで問いがまっすぐ提示されました。

次の本論では、問いの答えとなる「道徳アレルギーのよってきたる由縁」が三つの理由を順次述べることで示されています。これは「なぜ」「反発するか」の理由を説明する方法をとりながら、実は筆者の強調する「道徳アレルギー」の正当性の主張になっています。この部分が全体のなかで最も大きな分量を占めるだけでなく、筆者の熱意が強く感じられるところです。

そして最終部のいずれも短い三段落の部分が結論です。ここではじめに筆者が道徳に対する「アレルギー」と言ったことについて、実はそれが「嫌悪」の意味であるとあかしながら、三つの理由をそれぞれ要約します。本論においては文頭がすべて「道徳は」で始まっていたのを、結論では文末を「ありたい」「持ちたい」「ありたい」と、「たい」で統一しているのが修辞的な巧みさです。その次の文章全体を締めくくる最後の一文は、みずからの主張が「道徳的な主張になってしまった」という点に、いかにも新聞記者らしい自己批評の目配りを見せています。

この文章は本来レポートでも小論文でもなく、不特定多数の読者に向けた随筆もしくはエッセイという読み物であるため、論拠になるべき事実の提示がない代わりに文学的な工夫が目立ちます。それでも全体が明らかに序論・本論・結論という構成になっており、長い本論をはさんで短い序論と結論を前後に置く均整のとれた構成となっています。

このように文章を三部構成に組み立てて一貫した論理展開を進めることが、意見を述べて読者を説得しようとする文章には有効です。この例文では読み物らしく、序論が電話による取材の申し込みから始まり、臨場感に満ちた問題の提示となっています。次の本論では問いに対する答えを第一から第三までの各論に分けた理由として列挙する様が整然かつ明快です。最後の結論では直前に披露した各論の内容を単なる繰り返しにならないように語句をあらためてまとめています。つまり三部構成では内容の上で、総論 - 各論 - 総論となるのが特徴です。

序論の始め方

序論はレポート全体の冒頭に位置しているだけに、読者をこれからどこへ連れて行こうとするのか示すという役割をになっています。そのために注意すべき最大の要点は、課題とまったく関係のない話題から始めないことです。どこそこへ行って何々をしたというような私的な経験談や出来事から始める例を時おり見かけますが、最も避けるべき書き方です。

作家や評論家による随筆やエッセイでは、みずから掲げた表題と無関係なことから書き始める例を見かけます。表題とは無縁な話題から始めて読者の意表をつき、その意外性によって関心を引きつけながら文章を展開して、最後には表題の意味するところに落ち着いてみせるという方法です。これはいかにも文学的なしかけを駆使した巧みな書き方ですが、レポートの手本にはなりません。

というのは、レポートの読者である出題者は書き手が自分の出した課題をきちんと理解しているかどうかをまず知りたいと思って読み始めるからです。レポートの冒頭から課題と無縁のことが書かれてあると、書き手が課題について分かっているのか否かすぐに理解できず、困惑しながら読み進めなければなりません。そのためレポートのような小論文では、最初に書き手が課題についてよく理解していることを明示して唯一の読者である出題者を安心させる必要があります。そこから序論に書くべきことは順に次の三項目に要約できます。

最初にすべきことは課題の確認です。これは冒頭での挨拶という意味も持っています。レポートの特質（第四章）にコミュニケーションがあったことを思い出すなら、書き手自身が与えられた課題を十分に理解していることを示すことが、レポート課題を通した一種独特な出会いを成功させる最初の大事な表現行動となります。そのためには課題表現のなかに見られた重要な用語や語句の意味を自分なりに再確認することが大事です。

一例として「現代社会における美術の役割は何か」という文章表現科目の課題があれば、まず「現代社会」や「美術」という鍵となる重要語（キーワード）をどのように受けとめたかということを示す必要があります。「現代社会」という語はあまりに大きな意味を含み持っているので、そのまま不用意に使うわけにはいかないのです。ここで使おうとする「現代社会」は日本か世界か、日本とするならどのような社会として切り取るのか。現代の日本社会は封建社会や共産社会などでなく民主主義の社会であり、工業社会である一面で脱工業社会でもあり、また情報社会でもあります。別の視点からすると少子高齢社会や、様々な意味での格差社会とも言えます。まだ他の言い方がありますが、それらのなかからどういう社会として見ようとするのか決めなければなりません。

もう一つの重要語である「美術」も漠然としています。社会にはありとあらゆる「美術」が見られるからです。美術館や画廊だけでなく、学校にも、病院にも、公園にも、画集にも、インターネット上にも「美術」はあります。形態では日本画、油絵、彫刻、工芸、建築、映像等々、ここに書き切れないほど多様な「美術」のどれについて言おうとするのか明確にすべきです。そのような用語の吟味や限定もしくは定義づけを通じて課題を再確認する様子を述べることにより、書き手自身が課題を十分に理解していますよと、出題者に挨拶することが序論で書くべき最優先のことがらです。

次にすべきことは課題で方向づけられた問題点を提示することです。前の課題例であれば、「現代社会における美術の役割」にどのような問題があるのかということです。「役割」も一種の重要語であり考えを深める必要があります。もともと美術に役割などないと言えばそれまでですが、課題に沿って考えるなら、一例として「高齢社会における老人ホームでの絵画の役割は何か」といった問題点が浮上するでしょう。絵画を室内に掲げるだけでなく、老人たちが絵を描くことに結果としての美術の役割が見いだせるか否かという問題意識は問題点の提示となります。これを前記のごとく疑問のかたちで出してもよいし、「大事な役割がある」「新しい役割がある」といった仮説のかたちで出してもよいのです。

最後は提示した問題点を次の本論でどのように考えようとするのかという方法を設定す

ることです。先の課題の例で見ると、老人ホームでの絵画の役割にどう迫りどう考えるのかという具体的な方法を示すことです。たとえば実際に老人ホームで絵画制作をしているところがないか探すことも一つの方法です。そのような施設があればそこへ行って見学させてもらったり、職員や老人たちに話を聴いたりするという方法が次に考えられます。ネットや文献に頼るばかりでなく、文章は足で書くという姿勢を持つことも重要です。

本論の進め方

本論は意見を主張する場所です。レポートの要素（第五章）である意見と事実が実際に登場する舞台と言えます。序論で提示した問題点から導かれる意見や、仮説として出した主張の正しさを論証してみせるところです。みずからの意見の正しいことを言うために事実を根拠として提出しながら筋道立てて説明することが論証です。本論では論証を果たして説得力を発揮することが目的であり、そのためには意見と事実の組み合わせを読者が納得するように叙述する必要が生じます。論証を成功させるために大事なことは大きく三点にしぼられます。

第一は各論に分けることです。序論で提示した問題点を一本調子で推し進めようとしても単調になって議論の焦点が定まらず、論証は漂流しかねません。総論は必ず各論に分けることができるので、分けられた各論においてそれぞれ論証を試みるなら、説得力は複数の論証を積みあげた結果として力を発揮します。一つの大きな意見を言うために、それを支える小さな意見を出すことが有効です。

いくつに分けるかは実際の問題のあり方次第ですが、たくさんに分けすぎても問題の焦点がぼやけてしまいます。最も少ない分け方は二分法ですが、二分したものをさらに二分すると四つになります。実際に最も多く見られるのは三分法です。昔話で最も頻出する数が三であることからも分かるように、三は文字を介さずに記憶しやすい基本概念です。たとえば上中下、大中小、優良可、衣食住、心技体、真善美、天地人、運鈍根、安近短などのほか、過去・現在・未来や縦・横・高さなどばかりか、最近のクイズはほぼ三択で、三食、三色、三猿、三権、三高、三拍子という言い方もあるので、世のなかには三で区切られた概念の多いことが分かります。

第二は第一点に密接に付随しています。すなわち総論を各論に分けるときに、各論相互に論理的な脈絡があるようにすることです。レポートを書き慣れないと、本論ではとにかく複数の各論に分けなければと焦るあまり分けられた各論同士の関係が希薄になることがあります。総論を各論に分けようとするときに、容易に論理的な理由が見いだせれば簡単ですが、そのような理由づけを深く考えないで機械的に分けようとすると失敗します。考え方としては全体から部分へというように、分け方の方向を見つけることが最短の道です。最終的な目標が自分の意見を明確に表明することだと分かっていれば各論同士の内容につながりのないことはあり得ないはずですが、時間に追われて課題消化を急いだりすると各論がばらばらになって議論の筋道が見失われるので要注意です。

第三は分けられた各論を重要なものから先に取りあげるということです。論証のために一番大事な各論の一つが先頭に来て、二番目以下はその次々というわけです。この順序は芸術表現とは逆です。すなわち音楽や演劇などで大事なクライマックスは必ず最後尾に近く用意されています。この違いが実用と芸術との分かりやすい相違です。新聞の報道記事で最も重要なことが見出しとして先に大きな文字で示されるように、実用文では論証の上で重要なことから先に出していく方が論理的な整合性を生じます。ただし問題の内容によっては各論の重要さにそれほど差がないということがあります。その場合は時系列をはじめその問題自体が内包している順序に従うべきです。

先の課題例で考えると、序論で老人ホームにおける絵画という問題のありかを決めたなら、Aグループホーム・B介護付きホーム・C特別養護ホームという実在の施設を訪ねて調べるという方法で各論に分けることができます。A・B・Cという施設が企業や学校などに分かれてしまわず老人ホームという共通性があれば、三者に脈絡がないようにはなりません。実際に調査した結果に基づくと重要度が分かれるので、並べる順序や文字数の多少も決まってきます。

ここでは型から入る方法を述べているので、本論の最後として中身の充実について注意を喚起します。つまり意見を言うには考えなければならないし、事実を示すには調べなければなりません。考えたり調べたりしない限りレポートに書くことが生まれないのです。これは序論にも当てはまります。

結論のむすび方

結論はレポート全体のまとめをする場所です。序論から本論にかけての進め方は案外やさしいようですが、本論を終えても結論をどうしてよいか分からない人が多く見うけられます。ここですべき大事なことは二つほどあります。

まずは本論の要約です。本論では各論に分けて議論したので本論の最後に来ると最初の問題点が見えにくくなっていることがあります。それゆえ最初の問題点にもどって、本論で拡散した議論を一つの方向でまとめることが求められます。まとめるための枠となるのが序論で出しておいた問題点です。結論の冒頭では、忘れられた観のある本来の問題点にもどることを目標にしつつ本論で分かれた各論を統合するように要約すればよいのです。

次は課題に回答することです。これが結論の最大の目的です。というのも本来レポートは課題の要求のために書かれたからです。ところが実際のレポートを見ると課題の要求を忘れているかのごとく、すぐ前に書かれた文章の流れで何となく終わる例が圧倒的に多いのが実状です。レポートが身勝手な主張やひとり言で終わらないためにも、課題で求められていたことに書き手の回答を明確に示すことが必要です。そのためには課題で使われていた用語をこの場で使ってみせることが分かりやすい方法です。つまり出題者に対して、出された課題を忘れておらず、色々論じたけれど最後にはきちんと課題に対して答えを出しますという姿勢を明確に表すことが、出題者を最終的に安心させる締めくくりの挨拶になるのです。

先に掲げた例題で言えば、本論で各論に分けた老人ホームという事例の水準を脱しないと課題の回答に到達しません。結論の前半では本論のまとめとして老人ホームという各論の要約を果たして区切りをつけますが、最終的には後半で、「現代社会における美術の役割は何か」という課題の要求にもどる必要があります。すなわち基本的な重要語を再び持ち出して「現代社会」「美術」「役割」の語を再使用することが良い方法です。その結果として、「現代社会における美術の役割は何々である」というかたちでの回答ができることになります。

なお結論で書いてはいけないことに触れてこの章の締めくくりとします。それは結論に入ったら新しい話題を持ち出さないことです。これが結論における最大の戒めです。まだ書くべき余白が残っているからと、序論や本論で触れなかった話題を新しく書き始めると収拾がつかなくなります。特にうっかり質問のかたちや疑問形で文章を始めたりすると、あらためて議論をしなければなりません。それでは全体のまとめをするどころではなくなります。

これは文章書きに自信を持っている人にありがちです。そういう人は連想が連想を生んでことばが次々にわいてくるので書くべき話題に事欠きません。そうなると結論の場に来ても序論にもどってまとめたり課題に回答したりすることを忘れてしまいます。レポートでは課題に答えることが至上命令であることを思い出すべきです。この戒めを守ると、序・本・結の三部構成が総論‐各論‐総論という見やすいかたちで決まることになります。

忙中閑話［六］　外来語の表記

漢字や漢語は和語と呼ばれるやまとことばに比べると外来語ですが、普通に使用されている漢語のほとんどは日本語として定着しています。ところがいつの時代にも新しいものが大好きな日本人は、明治以降の近代において特に西洋から多くのことばを取りいれてきました。最近では特にかたかなによる外来語が街のなかだけでなく新聞や雑誌をはじめとする出版物にも氾濫しています。

かたかな表記をする外来語についても、いざ文章のなかに書きとめる場合には若干の注意を心がけるべきでしょう。イラストレーターである和田誠は「はかない抵抗だけど」と題して、日常的に接する外来語へ辛辣な批評の目を向けながら、こだわらずにいられない自身の態度をはっきり表明しています。

街を歩いていたら「××オヒス」という看板が目に入って一瞬首をかしげた。すぐに「オフィス」のことだとわかったが。

これは誤記だろうか。ヴィデオをビデオと表記するのは今や普通になっている。「ヴィ」が「ビ」でいいのなら、「フィ」が「ヒ」になっても不思議ではない。すると「ファ」は「ハ」でいいことになる。「野球ハン」「映画ハン」か。やっぱりおかしいね。

ぼくは「ビデオ」も気になるたちである。「ヴィデオ」と書きたい。「テレビ」はどうか。これは日本式略語だから、「テレヴィ」も不自然である。コンビニやらリストラやら日本式略語だらけで、気になることが少なくないが、いちいちこだわっていると会話もはかどらない。

でも、自分の仕事場周辺のことだと、こだわりが強くなる。「プレゼン」はプレゼンテーションの略で注文をとるためにアイディアを提示すること、「カンプ」はコンプリヘンシヴ・レイアウトの略で、注文主に広告などの仕上がりを描くスケッチのことだが、「プレゼンのカンプ用にイラストを描いてください」などと言われると、語感が全体に安っぽくなって、やる気がうせるのだ。

「イラスト」という略し方も安っぽくていけない。ぼくはこれを職業としているのだが、世間はどうあろうとせめて自分では正確に「イラストレーション」と言ったり書いたりしたいと思う。

雑誌や本では「イラスト・和田誠」と書かれることが多いけれど、ぼくは編集者に、正しく書いてください。長すぎるなら「絵」で結構です、と言っている。「イラストってブルセラみたいで嫌なんです」とも言う。編集者は呆れたような顔をする。

(二〇〇一・一・二六『東京新聞』[夕刊])

かなが表音文字であると言っても外来語の発音をそのまま原語どおり正確に書き表すことはできません。だからと言って「オヒス」や「ハン」では困ります。要するに日本語として定着した表記を重視するしかありませんが、表現の自由だから何でもありというのではなく、書き手には一定の見識がほしいものです。

「コンビニエンスストア」を「コンビニ」と省略するたぐいは日本人の得意なことで珍しくありません。和製英語になると発音も表記も長々しくなるという日本語に特有の事情があるので、略語にしたくなる心理も分かりますが、会話表現ならともかく書きことばにすると軽薄になることを承知すべきでしょう。

また日本語の習性なのか、本来なら「ホットドッグ」(hotdog)「ベッド」(bed)「バッグ」(bag) となるはずの語を「ホットドック」「ベット」「バック」としているのに出会います。かたかなではもとの音の忠実な再現が不可能としても、なるべく原音に近い表記にすることを心がけるならあり得ない表記です。

そのような単に表記の問題以上に、外来語には日本だけでしか通用しない完全な和製の外来語というものがあります。もと邸宅を意味する語が「マンション」になるとコンクリート製の集合住宅の意味になっているのはもはや動かしがたい事実ですが、「ボトルキープ」「プラマイゼロ」「シャワートイレ」「ヴァージンロード」など本国では通用しない代物です。また「マイホーム」や「マイカー」を自分以外の場合に使うのも気になります。日本人が今後ますます国際的になってゆく今日、外来語についてもう少し鋭い神経をはたらかせるべきではないかというのが個人的な感想です。

第七章　レポートの技術

小論文の文体

文章は文末表現の違いによって、です・ます調を敬体、である調を常体と呼びます。敬体は会話体・口語体であり、常体は文章体・文語体です。文章を書こうとする際は、両者のどちらかを選んで統一した文末表現にすべきです。このような注意をあえて喚起するのは、最近これらの文体を混用した文章を多く見かけるからです。

敬体の特徴は、文末表現が「です」「ます」「ございます」となるので、丁寧な語感が生まれることとです。しかしその反面、形容詞や形容動詞などの終止形は「美しい」「きれいだ」のごとく常体と同じ言い切りのかたちになり、そのままでは敬体にならないという結果を招きます。そのような形容詞や形容動詞に「です」「ます」をつけると、さらに一段と冗長になってしまうという不便があります。一方もともと敬体は話しことばがもとになっているので、特定の相手に向かって語りかけるような場合には適した文体です。そのため手紙などの通信文には持ち前の丁寧な語調が効果的になるでしょう。

レポートの場合では、読者を先生として意識するためか、敬体で書く人がいますが、レポートや小論文には常体がふさわしいのです。というのは読者である教員は多数の書き手による同一課題のレポートを一人で読むので実質的な内容の把握が優先されることになり、その分冗漫な語調が不要になるからです。言い換えるとレポートは感情や心情の表現を旨とせず、もっぱら客観的で論理的な叙述が中心となるので、書きことばである常体が適しています。これは研究レポートや論文にも言えることであり、新聞や雑誌において報道や情報伝達を旨とする文章が常体で書かれているのに気づくと納得できるはずです。

最近の傾向である敬体と常体を混用させた文章のはしりは、一九二〇年代に話すように書くと言った佐藤春夫あたりですが、実験的かつ文学的な試みです。普通に見かける混用は、常体で書いていた書き手が無意識に心情を表してつい敬体を使ってしまう場合と、敬体で書いている書き手が単調になりがちな文末表現を避けるため意識して常体を選ぶ場合との二通りがあるようです。

次の文章は『日本語練習帳』（前出）の「まえがき」の冒頭と結末の部分です。敬体にところどころ常体を意識して混用させた文章の代表的な例となっています。常体の部分をゴシック体にしてみました。

私たちは新聞を読み、時には雑誌に目を通し、本を読みます。そして、もっと深く鋭く読めるようになりたい、いい文章が書けるようになりたいと、どこかで思っています。

どんな心構えをもって、どんなことに気をつければ**いいのか**。良い日本語を書くと言われる人たちはどんなことをしてきたのか**知りたい**。そういう希望に対して、世に文章読本とか、作文技術とかいう本がたくさん書かれています。見るとそれぞれ立派な案内書です。大事なことが**書いてある**。中には具体的に細かい技法まで示すものもあります。

〔中略〕

ひととおり読むだけでもこの本は日本語の理解と表現のために役に立つところがあ

ると思います。ゆっくりと辛抱強く、練習問題に答え、また作業をしていくと、その人が本来もっている言語の能力がきっと**引き出されてくる**。誰かといっしょにこれをして答えをつきあわせ、違った考えがあることを知るのも面白いと思います。もちろん独りで**してもいい**。これはまた、一つの知的な遊びにもなるでしょう。

ここには冒頭の「いいのか」「知りたい」「書いてある」と、結末の「引き出されてくる」「してもいい」という常体が巧みに敬体の語調のなかにまぜられています。このような文体は一種の講演体とも呼ぶべきかたちです。何百人の聴衆に語りかける場合には、です・ます調の話しことばのみで終始するより、時おり言い切りの文末表現を使った方が口調にめりはりができて単調になりません。同書の姿勢がまさに多くの一般読者を大教室の聴衆に見立てたようなおもむきになっており、それに合わせて考えられた文体と言えます。

ところで前記引用の文中にあった「文章読本」は本来「読本」というのが教科書を意味するせいか、多く敬体で書かれています。すなわち同名の著書の先がけをなした谷崎潤一郎の『文章読本』をはじめ、三島由紀夫も中村真一郎も敬体で書いており、常体で書いた丸谷才一や井上ひさしは例外的です。本書も同様に敬体で書かれています。そこで常体を勧める文章が敬体であるのはいかがなものかという疑問が生じるかもしれません。それは著者の好みというより、本書の性格が「読本」すなわち教科書であるという理由からです。著者としては文章の初心者であろうと思われる人々に教室で語りかけるように述べたいという気持ちのあることをあえて申し添えておきます。しかし『日本語練習帳』のように常体と敬体を混用しておりません。それは敬体や常体はそれぞれの文体で統一すべきという著者の片意地な持論によるものですが、両者をうまく混用して立派な文章に整える能力がないとみなしてくださっても構いません。なお常体の見本としては大久保漠さん（第一章）やM・Tさん（第九章）や巻末のレポートを参照してください。

論文体の用語法

レポートのような文章には書きことばに特有の「である」主体の常体がふさわしいとなれば、話しことばの言い回しが論文体には不適当だというのは当然です。すなわち抜きことばや、文頭から「ですから」や「なので」といった口語で始めるのは不適当です。また書いているうちに気持が高揚するのか、唐突に親しい人同士で使われるようなくだけた言い方をまぜたレポートを見ることがあります。語法では「まあ（わるくない）」や「まあまあ（良い）」という副詞の用法だけでなく、ひとり言のような感嘆詞の「そう」や、「ざっくり」「どきどき」「わくわく」といった擬態語や擬音語を使うと書きことばの格がくずれます。

ことばづかいに注意が向けられると、今度は日本人に特有の発想法や思考法についても気を配るとよいでしょう。既に作家の堀田善衛が指摘していたように（忙中閑話［四］）、日本人同士の会話ではヨーロッパ風の「なぜ……であるか」「なぜならば……」という言い方でつなぐことが少ないので、特に意識的になる必要があります。つまり「……ではないだろうか」「なぜなら（というのは）……だからである」というように、質問のかたちや理由を説明する語法が身につくようになるには、普段から物事の因果関係に注意するという論理的な思考法を養うことが肝要です。そのような語句は論文体の文章に不可欠の言い方なので、論理的な思考法に特有の語句の使い方に早く慣れることが求められます。

一方で論証にふさわしくないのが日本人によくある曖昧な言い方です。その代表が「かもしれない」という文末表現です。これは前章の深代惇郎「道徳アレルギー」にも一箇所あったように、余韻や余情が大好きな日本人の常套語と言ってよいでしょう。しかし「そうであるかもしれない」というのは、「そうでないかもしれない」とほとんど同義であることに気づくことが大事です。というのは根拠となる客観的な事実を示さなくても曖昧なままで使えるからです。この語は断定する責任を回避できるだけでなく、のちに余韻を残すという効果をもたらすので、手軽で恰好よいことばづかいです。しかし反面極めて曖昧な意味をただよわすだけに、明快さを求める論文体の文章には不適当な用語です。事実に基づく根拠があるなら「である」と断定できるため、本来使わなくて済むのが「かもしれない」です。

文頭にくることばにも注意が必要です。たとえば段落を始めることばとして、「ところで」や「とにかく」および「さて」という接続語はできるだけ避けるべきです。というのは、これらのことばには前の段落との論理的なつながりを切るはたらきがあるからです。これらの接続語は次にどんな話題でも持ってくることのできる便利な接続詞・副詞なので安易に使いがちですが、話題がとめどなく拡散して論旨の一貫性をそこなう原因となります。段落と段落の間は、「だから」という順接になるのか、「しかし」という逆接になるのか、それとも「まず」「次に」「最後に」「また」など並列や展開もしくは収束を意味するつながりになるのかという、段落同士の関係を意識する必要があります。そのような意識があれば、とんでもない飛躍や転回を招く恐れのある「ところで」「とにかく」「さて」などを使う機会はほとんどないことになります。

さらにレポートの最後にくるような文の場合、文章を締めくくる最終的な文末表現として「ではないだろうか」で終わる例を見かけることがあります。「ではないだろうか」というのは疑問形であるものの、文意を見ると疑問や質問を発するのではなく、反語の用法として使われていることが圧倒的です。つまり「何々である」と断定するのを避けて、「何々ではないだろうか」と疑問形としながら肯定の意味を暗示するという修辞法です。これは余韻や余情の効果を期待する言い回しであり、随筆やエッセイにふさわしくてもレポートのような実用文には適しません。

このような一種気取ったことばづかいと言えば、「体言止めや倒置形は用いない」「自分のことを「俺」「僕」「自分」とは呼ばない」（前出『やさしい文章術』）という指摘があります。いずれも文学的な技法の排除を勧めているわけです。客観表現を主体とするレポートや論文では特に書き手の一人称がなくてもいいし、もし一人称を使うのなら英語のＩなどに近い「私」や「わたし」が適当です。

引用の方法

引用はレポートにおいて事実を根拠として示すためにも、自他の意見を区別するためにも不可欠です。本書でも引用箇所がいくつもあるのでそれらを参考にしてください。ただし本書のように紙幅に余裕がある場合には、改行して一行あけ、本文より二字下げにした長めの引用ができますが、レポートのように字数が限られている場合は無理です。それゆえ基本はなるべく書籍から要点になるところのみを簡潔に引用することです。そのときには改行せず「　」を使って文章のなかに繰り込むことがよいのです。要約して引用する場合には、その旨をことわって「　」を短い語句に使うと本来の引用に近くなります。次の文章は要約ではなく、本文のなかに「　」記号を用いて引用した例です。出典の注記をゴシック体にしてみました。

一八五三年、モリスはオックスフォード、エクセタ・コレッジに入寮した。オックスフォードでは、彼が生涯、親交することになるエドウォード・バーン＝ジョーンズ(Edward Coley Burne-Jones, 一八三三〜一八九八)と出会うことになる。また、この時期に、モリスはジョン・ラスキン(John Ruskin, 一八一九〜一九〇〇)の『近代絵画論』や『ヴェニスの石』といった本に強く影響を受けた。そしてこの時代にモリスは、「『ザ・ビルダー』(建築雑誌)を購読し、同時にボトリアン(図書館)で、そしてアルンデル協会から出版されたジオット、ファン・アイク、フラ・アンジェリコ以後の版画の最新セットで、マニュスクリプトの研究をした」(**『デザイナーのウィリアム・モリス』括弧内引用者**)とレイ・ワトキンソンは述べている。したがって、この時期にモリスは建築や視覚表現に本格的に興味をもち始めたのであろう。

（柏木博『デザインの20世紀』ＮＨＫブックス　一九九二）

ここでの引用箇所はゴシック体の直前にある、「『ザ・ビルダー』（建築雑誌）を購読し、同時にボトリアン（図書館）で、そしてアルンデル協会から出版されたジオット、ファン・アイク、フラ・アンジェリコ以後の版画の最新セットで、マニュスクリプトの研究をした」の部分です。引用の出典である『デザイナーのウィリアム・モリス』という書名を引用部分の直後の（　）内に記載したのは簡潔で分かりやすい方法です。かっこの使い方では、通常の引用には「　」を使い、書名や雑誌名には『　』を使うことが現在の慣用となっています。「　」のなかでは、最後に文が終わっても「研究をした」とあるように、句点（。）をつけません。また「括弧内引用者」とあるのは、引用文のなかにある（建築雑誌）と（図書館）という語がもとの引用箇所にはなく、柏木博という引用者の注記としての訳語であることを示しています。このように引用部分に改変を加えるときは、その旨ことわることが正当な方法です。

引用は正確に

引用について出典の明記が注意されるのは、引用では何より正確さが求められるからです。引用が正確でないと書き手の意見の緻密さが疑われることになり、レポート全体の説得力が弱くなります。ところが出題者がレポート内の引用部分を読んで何か変だなと感じることは往々にしてあります。そういう場合はほとんど、引用文の語句が誤っていたり途中の語句が抜けたりしています。というのもレポートの書き手は自分に都合のいいように文献を解釈しがちであり、無意識のうちに細部を改変して引用する傾向があるからです。引用部分は特に出典と読み比べて誤字や脱字のないように注意するとよいでしょう。

そのような引用の信憑性という点から見ると、インターネットの利用は要注意です。最近はレポートの引用箇所にウェブサイトの記事を写したような記述が見られるようになりました。しかし引用はできるだけ書籍や雑誌もしくは新聞などの印刷物を利用すべきです。というのもインターネット上の画面は頻繁に更新されるので、資料の追跡や確認が困難だからです。

特にフリー百科事典のウィキペディア（Wikipedia）を紙面上で使うことは控えるべきです。これは書籍による百科事典と異なり執筆者の署名がなく、記述の当否が保証されていません。多くの記述が未完成で訂正や増補をサイトの閲覧者に求めているのも内容が不安定で信頼に欠けることを示しています。このようなインターネット上の文献は物事を調べる際の初歩的な案内として使うにとどめるべきです。サイト上での記述を手掛かりにして、より信頼のおける書籍や文献の探索をするとよいでしょう。もっとも例外は官公庁によって既に出版された政府刊行物などがあらためてホームページ上に掲載されている場合です。各種の統計や学習指導要領などの公共的な情報に限っては、ウェブサイトによってもほとんど問題がありません。

インターネットは書籍や文献を探す上で大きな力を発揮します。最近では小笠原喜康『新版 大学生のためのレポート・論文術』*に各種の専門的なサイトが紹介されています。

*小笠原喜康『新版 大学生のためのレポート・論文術』（講談社現代新書二〇〇九）

しかしコンピュータがあれば参考文献がすぐに手に入ると思わないことです。インターネットでは資料の外観に行き当たるだけと割り切って、そこから信頼できる紙媒体へ到達することが求められます。

記号の使い方

記号と言えば（　）「　」『　』という三種のかっこが圧倒的に多く見らます。それに限らず最近の文章には様々な記号が使われています。かつては見かけなかった記号が便利に使われている反面、ほとんど不要と思われる記号がたくさん動員されたにぎやかな紙面も見られます。そういう時勢だけに、レポートを書く人は論文体にふさわしい記号の使い方について意識的であるべきでしょう。

もともと日本語の表記に必要なかった記号が目立ちますが、その代表例は「?」と「!」です。この二つの記号は本来アルファベット用です。日本語、なかでもレポートのような論文体の文章では使う必要がないと言えます。疑問符の「?」が不要というのは日本語に疑問を表す助詞「か」があるからです。外来の疑問符を使わなくても疑問や質問のかたちを十分に表すことができれば、かえって「?」は目障りということになります。また感嘆符の「!」が不要なのは、冷静な論理展開が要求される論文体の文章において気分の高揚を示す余地がないからです。

最近目にすることが多くなったのは欧文用の引用符号の〃　〃です。これも本来アルファベット用なので日本語の表記には不要です。作家や評論家が気軽に使っているのを見ると、いかにも日本人の新しいもの好きを知らされて苦笑させられます。これは結局「　」で済むものであり、使う必然性が見あたりません。欧文のなかでこそ使うべきであり、そのようなときのために取っておくとよいでしょう。

「なかぐろ」「なかてん」と呼ばれる「・」は日本語に特有です。これは主に単語の並列のために使います。「造形文化科目・教職に関する科目」とあれば、二種の科目を併記したという意味です。最近では「元町・中華街」という駅名もできました。また「ウィリアム・モリス」のように外国人名の表記にも使います。

斜めの線であるスラッシュ「／」も日本語に特有です。これは改行のある引用文を紙面の節約のために追い込んで書くときに使います。「汚れつちまつた悲しみに／今日も小雪の降りかかる／汚れつちまつた悲しみに／今日も風さへ吹きすぎる」とあれば、詩の原文ではそれぞれ独立した行立てのあったことが分かります。

よく使われるもので傍点と呼ばれる点があります。これは縦書きであれば強調したい語句の右側につけるものです。「レポートは実用文です」という具合です。横書きの場合は上につけますが、あまりたくさんつけると効果が半減します。このほかにも記号はいくつもありますが、見慣れない記号に頼らず、ことばを駆使する力を養う方向に努力することがレポートを書くための近道となるでしょう。

忙中閑話［七］　辞典の活用

文章を書く上で辞典は欠かせません。本書においても随所で機会あるごとに辞典を引いてきましたが、辞典や辞書を引き慣れているとそれだけ語彙がふえ、言語生活の厚みが増します。辞典を引いて新たな発見をした人は、それだけものを知る喜びを覚えるわけであり、学ぶ意欲を増大させる原動力が得られるでしょう。次の文章は辞典や事典を数多く発行している出版社が、「だいじょうぶでなかった私の日本語」という課題で募集した懸賞に応募した優秀作品のなかの一編です。

完ペキのペキの字が違っていると同僚に言われたが、絶対に正しいと言い張り、「賭けようか」と言われ、あわてて辞書を引いた。間違いだったと知った時のショック！　完璧を完壁と信じて疑わなかった四半世紀だった。

こけら落としのこけらは果物の「柿」という字ではないと知ったのは数年前のこと。報道の「道」を「導」と思い込んでいて、返信用印刷物に書かれていた何か所もの報道という文字をわざわざ「導」と朱を入れて返送した十五年前。いらぬお節介を思い出すと今でも顔から火が出る。

友人のＯさんは、私が言うまで段取りの「段」という字の偏の横線が二本だと思い込んでいた。彼は国会答弁を書いたこともあるキャリアで、この指摘をした時、飛び上がる程驚いた。当時は手書きだったから、きっとこの字のまま答弁書を出していた、とうなだれた。あとの祭りで、何をいまさらと慰めたが、誤字の思い込み期間が長いほど、あれこれ不安になるものだ。今はワープロのお蔭で、誤字で恥をかくことは少なくなった。〔以下略〕

（『辞書カタログ二〇〇〇秋〜二〇〇一春』三省堂）

カンペキという言い方が平常の会話表現で使われようになって随分年数がたちました。ところが「完璧」という熟語の「璧」をかべ（壁）だと思い込んでいる人が多いようです。かつて高等学校では必修のように漢文の時間があり、そこでは司馬遷『史記』所載の故事として、藺相如《りんそうじょ》が璧（玉石）を持って秦に使いに行きその璧を無事に持ち帰ったことを「璧を完《まっと》うす」と習うため、ある世代まで「完璧」の熟語はよく知られていました。同じく間違いやすい語に「お洒落《しゃれ》」があります。「洒」をさけ（酒）と誤りやすいので要注意です。

「こけら落とし」のこけらとはもと木偏にかたかなの「ホ」に似た字を書きます。多くは柿に似た「柿」の字で代用しているため、なかなか正しい字を知る機会がないということになります。近ごろは「ワープロのお蔭で」誤字で恥をかくことが少なくなったかもしれませんが、この字は大方の文字入力ソフトにほとんど見られません。ここでも印刷会社に無理を言って本当の字を出すことはやめましょう。ぜひ自分で漢和辞典を引いて確かめてください。本書では著者が漢字を好む古風な人間なので、見慣れない熟語が散見するかと思われます。もしそのような語句に出会ったら面倒がらず辞書を引くように勧めます。自分自身で調べることによって新しくことばを知る喜びを体験することになるはずです。

一般的には辞書を引くと言いますが、ときには辞書を読む楽しさを知ってほしいものです。以前は辞書や事典の種類も少なく国語辞典など大体みんな似たりよったりという状態が続きましたが、今日では各出版社から様々な辞書が出されており、なかには個性的な語釈が見られます。

「愛」という語を『新明解国語辞典』（前出）で引くと、当初は「㊀愛情。㊁そのものに尽くすことこそ生きがいと考え、自分をその中に没入させる心」（第二版一九七四年）とあったのが、のちに「個人の立場や利害にとらわれず、広く身のまわりのものすべての存在価値を認め、最大限に尊重して行きたいと願う、人間本来の暖かな心情」（第四版〜第六版）となって字数がふえているのに気がつきます。

また「恋」という語を同じ辞典で引くと、「〔男女の間で〕好きで、一緒になりたいと思う強い気持（を持つこと）」（第二版）が、「㊀恋愛。㊁その土地に（もう）一度遊んで見たい、その物に（もう）一度接して見たいという強い気持に駆られて、抑えることが出来ない心の状態」（第四版一九八九）と二通りの説明となり、次の第五版（一九九九）になると、「㊀特定の異性に深い愛情を抱き、その存在を身近に感じられるときは、他のすべてを犠牲にしても惜しくないほどの満足感・充足感に酔って心が昂揚する一方、破局を恐れての不安と焦燥に駆られる心的状態」（㊁は第四版に同じ）

と一気に詳述されます。さらに第六版(二〇〇五)では、㈡の記述が再びなくなって「特定の異性」云々の記述だけとなっています。このように普段何気なく使っているような語を引いてみるのも、辞書による発見の楽しさです。

第八章　文章表現の基本

長い文より短い文

文章と言っても様々なかたちがあるなかで、本書で対象とするのが文学作品ではなく論文体の実用文であることをここで再確認しておきましょう。芸術的な表現をめざすのが文学の文章であるのに対して、実用的な文章では誤解なく文意の通じることが第一であり、平明達意が目標となります。

平明かつ達意の文章が基本になれば、それを構成する個々の一文はおのずから短くなります。ヨーロッパの諸語では主語と述語がそろい、文のはじめの方に述語が現れますが、日本語では主語がなくても文が成立し、文末にならないと文意が判明しないという特徴を持ちます。日本語の文は文法的に正しくても、長くなると読んですぐに意味が分かるというわけにはいきません。いささか話が異なるようですが、日本では長大な叙事詩が生まれず、もっぱら俳句や短歌のような短詩形文学が盛んであることからも日本語の特色が分かります。平明な表現を求めると、日本語は長い文に向かないと言えます。そこで次には短文の例として、「超」のつく書名で有名な経済学者の文章をあげてみましょう。

何歳になっても勉強はできる。勉強を始めるのに、遅すぎることはない。人間は何歳になっても、学習によって進歩する動物なのである。

トルストイは、老年になってからイタリア語の勉強をした。ゲーテは、死の直前まで『ファウスト』を書き続けた。作曲家フォーレの作品は、七十代になっても進歩が見られた。ピカソは、九十一歳になってもベッドの側で創作活動を続けた。

二十一世紀の日本社会は、高齢化社会である。これは、マイナスのイメージで捉えられることが多い。しかし、退職後の自由な時間が長くなるのは、考えてみれば素晴らしいことだ。現代社会における退職後の人たちは、五十年前なら決して社会や家庭の中で合意が得られなかったことを実行できる。シュリーマンやローエルは、実業生活を終えてから学問研究を始めた。これからは、普通の人でも彼らと同じことができる。

（野口悠紀雄『「超」勉強法』講談社文庫 二〇〇〇）

たったこれだけの少ない字数の文章が十三もの文で成り立っています。結果的に短い文が次々に連ねられる歯切れよい文章になりました。この律動感ある文章を読み進めると、書かれている意味が読む端から頭に入ってくるように感じられないでしょうか。このように一文が短いと文の意味するところがすぐに分かります。短文のつながりが段落を形成し、その段落の意味もまとまっているので、読みながら文意が渋滞なく伝わってくるような文章です。この文章は詩歌をはじめとする文学的な文章とは対照的な位置にありますが、いかにも明晰を信条とする経済学者による文章表現らしいと言えます。阿部紘久『文章力の基本』[*]では、最初の章で「短く書く」ことの大切さが例をあげて詳述されています。

かつて一般的に学者の書く論文には長い文を連ねたものが多かったので、それらを読んで勉強した人々の文も長くなりがちでした。そこからレポートや論文を書こうとすると思わず気張ってしまい、知らず知らずのうちに文が長くなるという傾向があると想像できます。しかしレポートでは、出題者という一人の読者が同一の課題に基づく文章を一度にた

＊阿部紘久『文章力の基本』（日本実業出版社 二〇〇九）

くさん読むことを想像するなら、繰り返して読まなくても済む平明な文章が最も望ましいと分かります。

文と文章と段落

文と文章とはよく混同されて使われますが、本書では明確に区別しているつもりです。文すなわちセンテンス（sentence）は文章の構成単位であり、複数の文が集まってレポートのような二〇〇〇字ほどからなる文章を形成することになります。また文と文章のあいだに位置する概念として、段落というまとまりをおくことが普通です。そして個々の文以上にその小集団である段落を意識しながら書くことが平明な文章表現をする上での基本です。

段落とはもともと「仕事が一段落した」というように使われてきたことばであり、今日では英語のパラグラフ（paragraph）に相当する語として考えることができます。段落とパラグラフは別のものだという意見もありますが、本書では一般的になじみやすい段落という熟語を便宜的に用いることにします。前に紹介した『レポートの組み立て方』はパラグラフという言い方のままで説明しており、小河原誠『読み書きの技法』*はほとんど一冊全部を使ってパラグラフの考え方を説いています。

日本語式に言えば、単語がつながって文を構成し、そういう文がまた複数集まって段落を構成し、さらにいくつかの段落が集団となって一編の文章作品を構成するという意識を明確に持つことが論理的に緊密な文章を書く上で肝要です。

*小河原誠『読み書きの技法』（ちくま新書一九九六）

一段落に一主題

段落という語を辞書で引くと、たとえば「文章中の意味の上での大きな切れ目。また、そのような切れ目から次の切れ目までの間の一まとまりの部分」（前出『新明解国語辞典』）という説明が見られます。要するに単に形式的な改行ではなく、「意味の上での大きな切れ目」としての「一まとまりの部分」という認識が、論理的にしっかりした文章を書く際には大事です。

言い換えれば記述の長短や行数などでなく、一つの段落が意味において一つの主題を持つことでその段落は自立できます。したがって段落と段落の続き具合にも注意が必要です。前章で触れたように前後して続く段落同士の関係が順接なのか逆接なのか、また並列か展開もしくは収束なのかというように接続のあり方を確認してゆくと、おのおのの主題が明瞭になって相互の論理的な関係が緊密になります。

もともとヨーロッパ諸語におけるパラグラフの概念では六から八のセンテンスによって一つのパラグラフが形成されるというのが普通です。翻訳の文章について注意してみると、一体に現代日本語の文章に比べて一段落の行数が多いことに気づかれるでしょう。文章を書こうとする際には、安易に次々と改行してゆくと空白の目立つ視覚的に頼りない紙面になるだけでなく、論理的構成の薄弱な軽くて薄い内容の文章ができがちです。一段落には一主題が必ず入るように心がけて書くことが、無駄のない引き締まった文章への第一歩です。

次の文章は三段落で構成された文章です。各段落は複数の文から成り立っていますが、一段落一主題となっています。各段落のなかでどの文が主題を表しているか考えながら読んでみてください。分かりやすくするために段落のなかで中心となっている一文をゴシック体にしてみました。

一九八六年一月にスペースシャトルが発射直後、爆発してしまうという事件が起こった。このスペースシャトルは、クリスタ・マコーリフという、高校教師の女性を乗せていた。彼女は、スペースシャトルから地上の高校生たちに話しかけるということになっていた。

そうしたスペースシャトルの見せ方は、テレビのためにつくられていたことはいうまでもない。しかしテレビは、マコーリフの元気な姿ではなく、あっけなく爆発してしまったスペースシャトルを映し出した。**したがって、人びとはこの出来事を自分の目で見たのであり、出来事の証人にさせられたのである。**

そして、その直後に、レーガン大統領は、これまでアメリカはいっさい何も隠しはしない、すべてを見せてきた、といった内容のメッセージを、追悼の言葉といっしょに、同じテレビで述べた。そのメッセージはまさにテレビの存在ゆえに出てきたメッセージである。**人びとは何事も包み隠さないレーガン政権の証人になったのだ。**

（柏木博『肖像のなかの権力』講談社学術文庫 二〇〇〇）

この文章を点検すると各段落はそれぞれ三つの文で成り立っていると分かります。また各段落には一段落一主題を体現するような中心的な文があります。第一段落では最初の、「一九八六年にスペースシャトルが発射直後、爆発してしまうという事件が起こった」という文が中心になっています。第二段落は最後の、「したがって、人びとはこの出来事を自分の目で見たのであり、出来事の証人にさせられたのである」という文が中心です。そして第三段落も最後の、「人びとは何事も包み隠さないレーガン政権の証人になったのだ」が中心文と言えます。

それらによると著者が順次段階を追って述べていることが分かるでしょう。はじめにスペースシャトル爆発事件を話題として取りあげ、次にそれを伝えたテレビのはたらきを指摘し、最後にレーガン大統領のテレビを通じた事件へのかかわり方の効果を解明する、という叙述の発展形態が見えてきます。それら三段落を通じてテレビには画面を見る人をある種の証人にする作用があることを、読者は筆者の意見として受け取るのです。この三段階の形態は論旨を明快に述べるという役割を果たしており、それは中心をなす一文を含む複数の文の集まりによって段落が形成されるというしくみによります。

このように段落には主題を表す中心となる文があり、中心からそれた他の文は、その中心をなす文を補ったり支えたりしています。つまりは一段落 - 一主題 - 一中心文になるのです。文章を書こうとするなら、文章全体として何を言おうとするのかをまず明確にしなければなりません。言うべき大きな主題が決まれば、次に文章全体を構成する個々の段落をとおして全体の主題をどのように組み立てるか考える必要があります。そしていざ書き始めるときには、全体の大きな主題を形成すべく個々の段落において小さな主題を中心文にのせていくことになるわけです。

句読点も文字のうち

句読点とは段落の構成要素である文すなわちセンテンスにつきものの最も基本的な記号です。「まる」と呼ばれる句点（。）と、「てん」と呼ばれる読点（、）のことですが、これらをきちんと使いこなすことができれば、文章書きとして一人前と言えるでしょう。というのはこれらの記号ができてから歴史が浅く、まだ多くの人が使い慣れないという状況が見えるからです。

『源氏物語』の写本に句読点などはありませんでしたし、江戸時代の草双紙の木版本にも見られません。漢文を訓読することから自然に句読法の下地ができていましたが、近代になって西洋から活版印刷術が導入されるようになって以後、ヨーロッパ諸語の記述にならうかたちで文や段落の概念が急速に整えられてきたという次第です。それでも句点については、文章を書こうとするほとんどの人々が一応の共通理解を持っていると思われます。あらためて確認すると、句点は文の終わりにうつことによって文を成立させる役割があるということになります。

普通の平叙文では文末の終助詞のあとだけでなく動詞や助動詞または形容詞や形容動詞の終止形のあとに句点をうって文を終えますが、疑問や命令を表す文にはそれらに特有の文の終わり方があります。それ以外に体言止めと言われる名詞止めや連用中止法のような技巧的な文の終わり方があるのを見れば、文章が文学的になるほど文の終わり方が多様化すると分かります。また文は長短にかかわらず句点によって確定します。単語一語でもそれで文だと筆者が考えるなら句点をうつことによって文が成立します。だから句点をうつとは、文がその内容によって独立した意味を持ち、文としてのかたちを形成した場合にのみ行われると言えます。

このように文の成立と句点とは密接なつながりがあるので、前述した段落との関係を想起するなら、より分かりやすくなります。つまり文は段落の構成要素であって属する段落の主題を形成するというはたらきを持っているという意識さえしっかりしていれば、個々の文はその持つ意味により段落における主題を示す中心の文か、もしくはその中心文を支える文のいずれかであるので、句点のうち方に迷うことはありません。しかし文学作品などでは見慣れない句読点のうち方に出会うことがあります。次はともに小説のなかでの句読点の例です。適宜ゴシック体にしました。

「かあさんはね、だれよりもりっぱな日本人として生きる決心を**持ちなさい**。そうして、自分がそういう気持ちでいることを他人にも堂々と**示しなさい**。それが、おまえの生きる**みちです**、っていうんだ。ぼくもそう思っている」

（三木卓『ほろびた国の旅』角川文庫　一九七六）

ヒギンズはやがて**かえるだろう**、だがヒギンズはかえっても、アメリカ人は一生俺の中に、どっかと居坐りつづけるに**ちがいない**、そして俺の中の、俺のアメリカ人は折りにふれ、俺の鼻面ひきずりまわし、ギブミイチューインガム、キュウキュウと悲鳴**あげさせる、**これはこれ不治の病いのめりけんアレルギーやろ。

（野坂昭如『アメリカひじき・火垂るの墓』新潮文庫 一九七二）

前者の例文においては、「持ちなさい。」「示しなさい。」と二箇所に句点がうたれていますが、「みちです、」は読点になっています。これらは皆「かあさんはね、」から「っていうんだ。」まで続く長い一文の内部にあるものです。つまり大きな一つの文のなかに小さな三つの文が入った、入れ子構造の文になっているわけです。それぞれの文末の点について作者自身も困惑したかもしれませんが、直接話法と間接話法を区別するために「　」だけでなく『　』などを使うといった工夫をしないと、このままでは同じ平面上に水準の異なった文が混在することになります。まだ整理や改良の余地が残った状態とみなせます。

また後者では、「かえるだろう、」「ちがいない、」「あげさせる、」と、本来なら句点になるところがすべて読点になっています。これは織田作之助ばりの息の長い文章を得意とする作者独自の文体による結果と言えます。作家にとって句読点は、みずからの文体を決定するこだわりの要だという代表的な例です。点一つとは言えあだやおろそかにはできません。詩人で小説家の佐藤春夫は句読点も文字の一つだと言いましたが、まさしくそのとおりでしょう。

読点の実際

句点以上に厄介なのが読点のうち方です。読点は句点によって形成された文をさらにいくつかの部分に分割する役割を持っています。ところが分割された部分は単語や文節という文の成分であるものの、その分割された成分について明確な呼び方がないために、文と句点の関係のようにはきちんとした読点のうち方の規則が確立していないと言えます。一冊全部をあげて読点のうち方を説いた国語学者による本もありますが、そのような本によっても残念ながら読点の厄介さはそれほど解消されません。本多勝一『日本語の作文技術』*で、約五〇ページにわたる「句読点のうちかた」という章の大半は読点の用法によって占められていて、実作者の視点から詳細な検討がなされています。

読点について同書では、「テンというものの基本的な意味は、思想の最小単位を示すものだと私は定義したい」「マルで切れる文章は、これらの最小単位を組みあわせた最初の「思想のまとまり」である。だから人体にたとえると、テンで切る部分を思想の細胞とすれば、マルで切る一文は組織の最小単位—たとえば筋とか毛とか脂肪に当たるともいえよう」とあります。これによれば、句点によって区切られる一文を「思想のまとまり」とするのに対して、読点によって分割された部分を「思想の細胞」とも言うべき「思想の最小単位」としているので、読点の役割がある程度分かりやすくなります。

ここで「思想の最小単位」と呼ばれるものは日本語の文法で言う文節に相当します。文節とは一つの自立語もしくは自立語と付属語からなり、当然ながら文節の途中では読点をうたないことが原則です。それゆえ「私は」という自立語と付属語からなる文節は、「私、

*本多勝一『日本語の作文技術』(朝日文庫一九八二)

は」とならず「私は、」となります。宮沢賢治の童話「かしはばやしの夜」には、「くるみはみどりのきんいろ、な」という詩句がありますが、詩の語句という実験的な文学表現だから許容できる例外的な用法です。

より具体的に言うなら、近松門左衛門が仏具屋に手紙を書いて注意を促したと言われる、「ふたへにをりてくびにかけるじゅず」という文句が早い例です。読点のあるなしによって「二重に折り、手首にかける」か「二重に折りて、首にかける」か読み方が分かれますが、その結果として数珠の長さが大きく違ってくるわけです。

では、「私は病後の静養中に栗本薫の筆名で書かれた中島梓のSF小説を耽読した」という文ではどうでしょうか。読点をどこにいくつうつかによって意味が変わります。

①私は、病後の静養中に栗本薫の筆名で書かれた中島梓のSF小説を耽読した。
②私は病後の静養中に、栗本薫の筆名で書かれた中島梓のSF小説を耽読した。
③私は、病後の静養中に、栗本薫の筆名で書かれた中島梓のSF小説を耽読した。
④私は病後の静養中に、栗本薫の筆名で書かれた中島梓のSF小説を、耽読した。
⑤私は、病後の静養中に栗本薫の筆名で書かれた中島梓のSF小説を、耽読した。

「私は」「耽読した」ということでは、いずれも共通していますが、「病後の静養中に」というのが「私」と中島梓のどちらのことかというのは、読点のうち方次第となります。

①と③ではどちらともとれますが、②と④では「私」の「病後の静養中」であり、⑤であ

れば中島梓となります。このように点一つで文意が大きく変わってきますから要注意です。句読点も文字のうちということの最適な例と言えます。そのほか実際にどのような場合に読点をうつのがよいのか、主要な項目に分類しながら例をあげてみましょう。

一、「は」「も」「が」という助詞をつけた語句を強調するとき。
○チンパンジーは、現在生きている動物のなかで最も人間に近い生き物である。
○ラミダス猿人というのも、古生物学者によって発見された新種の猿人である。
○これが、類人猿とヒトとの共通の祖先に最も近い猿人の化石に違いない。
二、短い文が中止して次の語句に続き全体としてより大きな文が形成されるとき。
○類人猿の多くは森にとどまり、一部は樹上生活をやめて草原に進出し始めた。
○初めに出現した猿人はがっしりしていて、後に現れた猿人はきゃしゃだった。
三、単語や語句をいくつか並列するとき。
○ヒトは食べる、寝る、遊ぶ、争うという行動において類人猿と変わらない。
○猿人から原人、原人から旧人、旧人から新人が図式的に進化したのではない。
四、語句と語句の修飾関係が隔たっているとき。
○肉食は草食を主とするゴリラに見られない、チンパンジーに特有の行動だ。
○一頭のゴリラが全力で、悲鳴をあげて逃げるもう一頭のゴリラを追いかけた。
五、文中の語句が前後に倒置されているとき。
○やはりネアンデルタール人だった、今度スペインで見つかった化石人骨は。

○年齢も性別も分からない、発見された化石の量があまりに少ないので。
○みなさんはご存じだろうか、ホモ・サピエンスのもとの意味を。
六、文中の切れめに接続詞やそれに類する語句が来るとき。
○あごの骨におとがいが見られないので、ホモ・サピエンスではない。
○種が異なるため、ネアンデルタール人とハイデルベルク人は混血しなかった。
七、文を重ねてたたみかけるとき。
○夏は暑い、冬は寒い、新天地の過酷な条件にもヒトは順応して行った。
○気温がさがる、海が後退する、生物がへる、激変する環境により進化が進んだ。
八、まとまった修飾語が重なるとき。
○多種多様な樹木に恵まれた、気候温暖な熱帯地方では原始的なサルが進化した。
○手足が長く体の細い、小器用なサルが全地球上に繁栄してしまった。
九、文のはじめに接続詞や感動・呼びかけ・応答などのことばがあるとき。
○しかし、残念ながら北京原人の化石頭骨は失われてしまった。
○では、どうして直立二足歩行がヒトへの進化の道を開いたのか。
十、間投助詞を伴うときや助詞が省かれたとき。
○それはね、ヒトの骨ではなくてチンパンジーの骨だよ。
○チンパンジーのこと、もっとくわしく教えてください。

このように分類していくと、まだいくつも項目が立てられます。というのも現在見られる文章はひと頃に比べると読点が多くうたれるようになっているからです。これは書きことばが話しことばに近くなったことや、漢字をへらしてかなを多く使うようになったためでしょう。うっかりすると短い文節や単語ごとに読点をうつことになり、結局何のために読点をうつのか分からなくなるので要注意です。

もともと読点は語調にめりはりをつけて、読むときの呼吸を調整するはたらきがあります。句読点が適切にうたれた文章は読んでそのまま意味がとおり、耳にも快いリズムが伝わるものです。言語の発生を考えると、たとえ目で見て認識する文字であってもそれが神経によって脳に達するや、そこでは音声が響いており、最終的には音によることばが認識されていると言えます。特に読点は文字どおり朗読するためにうたれるようなものですから、文を書きながらことばを舌の先にころがすように音読してみることが適切な読点のうち方につながります。

忙中閑話〔八〕　書写の効用

文章上達の方法が何より書くことだというのは前述しました。しかし書くべきことが見あたらないという人はどうすればよいでしょうか。そういうときは書写が一番です。つまり既にできあがっている他人の作品を書き写すのです。平安時代や鎌倉時代において『古今和歌集』や『源氏物語』などの文学作品は写本によって多くの人々に読まれましたが、筆写という作業はそのまま当時の人々の勉強であると同時に喜びでもありました。というのも筆写が読むことと書くことの両方を兼ねる作業だったからでしょう。

第一章で触れた南方熊楠《みなかたくまぐす》は幼い頃から本を読む面白さを知り、読んだ書物を書き写して楽しんでいました。八、九歳の頃には本を求めて遠出をし、古本屋で立ち読みして頭のなかに覚え込むと家に帰って反古紙に写したのです。貸し本屋で借りたこともあったそうです。『和漢三才図会』百五巻を三年がかりで写したほか、『本草綱目』『諸国名産図会』『大和本草』『太平記』等を十二歳までに写本しました。『和漢三才図会』は江戸時代の百科事典で絵や図も載っています。『本草綱目』は中国の薬物書で、『大和本草』は貝原益軒による日本の動物・植物・鉱物の事典のような本です。南方少年はこれらの写本を作って繰り返し読んだり眺めたりして楽しみました。その様子を見た父親は息子の和歌山中学進学を許したということです。

近代の小説家が文章修業のために好きな作家の作品を原稿用紙に写したというのは珍しくありません。「風立ちぬ」や「聖家族」という小説で有名な堀辰雄は師とあおぐ芥川龍之介の作品を書き写して修業しました。堀の場合は旧制高等学校時代に芥川の面識を得たものの大学二年のときに芥川が自殺したので、傾倒する師亡きあとには書写が一番の方法になりました。

国文学者夫人の櫻井宣江さんの場合はまた少し事情が違います。宣江さんは大学卒業後に勤めた中学校の国語教諭を三年でやめたのち、『万葉集』を専門とする国文学の研究者であった櫻井満の妻として一万枚を超す原稿の清書を続けてきました。夫君が一九九五年に六十一歳で亡くなったのちに遺稿集の出版が企画されると、宣江さんは亡き夫に代わって「追い書き」を書くことになります。宣江さんは夫の生前にみずから文章を書くことはほとんどありませんでしたが、「追い書き」を書くにあたってはじめて気づくことがありました。すなわち、「おどろいた。自分の文章の力は、夫の文章を書き写すことによって培われたもの。そこには夫が生きていた」（二〇〇一・四・九『朝日新聞』［夕刊］）という感慨にうたれます。そこから宣江さんは「もっと文章を書きたい」とあらためて目覚めるのです。

書写のさらなる徹底が暗記することです。たとえば『志賀直哉宛書簡』に見える直井潔の場合は特に目を引きます。志賀より三十二歳下の直井がはじめて志賀に手紙を出したのは一九四二年の六月でした。二十七歳のときです。日中戦争に従ったことから風土病に冒され全身の関節が硬直した体で帰国した直井は、最初の手紙で以後文筆の道に生きる決意を述べ、次のように書いていました。

一体自分のやってゐる方法が見当違ひかも知れませんが昨年三月から暗夜行路後篇の暗誦を始め其間短篇焚火、城の崎にて、好人物の夫婦、范の犯罪、濠端の住まひ、痴情、矢島柳堂（百舌、鶫）等と兎に角盲暗記を致し先日暗夜行路も全部暗誦しました。こんな事をして先生の真似をしやうと思ふのではありませんが小説を作る為の態度を多少とも知る事が出来ればと思つてした事であります。

（『志賀直哉宛書簡』岩波書店　一九七四）

長編の「暗夜行路」だけでなく短編小説の「焚火」「城の崎にて」「好人物の夫婦」「范の犯罪」「濠端の住まひ」なども暗記したと言うのには驚かされます。直井の翌々年の手紙には、「暗夜行路」について「過去何百回となく読まして頂きましたが一生読み続けるつもりでゐます」と述べてもいます。小説をそのまま丸暗記してしまうのは筆写をさらに徹底させた方法と言うべきでしょう。直井潔は身体の障害に甘えることなく自宅で妻とともに習字と数学の塾をしながら創作に励み、芥川賞の有力候補になったこともありました。寡作ながら『一縷の川』や『羊のうた』という作品を残した稀有な作家でした。

このように書写や暗唱は文句なく文章表現への道に直結しています。これは理屈ではありません。運動やスポーツの基礎練習を積み重ねると試合で自然に体が動くように、一見頭を使わない単純な作業に見える書写や暗唱を続けると、頭脳が無意識のうちにことばによる発想や表現を身に付けてしまうのです。名文として評価の定まった文章は繰り返し読むだけでは勿体ないでしょう。書き写したり暗記したりすることをひそかにお勧めするゆえんです。

第九章　課題に向かって

課題内容の消化

レポート課題に向かうときの心構えとは何でしょうか。そういうものはないとも言え、あるとも言えます。というのは課題が種々様々だからです。つまり多様な科目に多様な課題があるだけに、結局は個々別々にそれぞれの課題の内容や性格にしたがった取り組み方があるということに尽きます。

言い換えると、たとえば料理することを思いうかべればよく、どんな材料に対してもいつも同じ道具で向かうわけにはいきません。包丁やナイフにしても、肉と魚を同じ包丁でさばくわけにはいきませんし、野菜にはまた別の包丁がいります。りんごの皮をむいたりパンを切ったりするためのナイフも必要でしょう。だから究極的に何にでも間に合う方法や姿勢といったものはどこにもなく、対象である材料や課題に対してそれぞれに最もふさわしい姿勢や対応が工夫されるべきです。それでもなおかつ、課題一般について何か共通の心構えのようなものがないかと考える人々に対して言おうとすれば、極めて単純なことに行き着きます。

それは決して特別なことではなく、とにもかくにも課題の内容をよく理解して消化することです。これは既に分かりきったように見えますが、レポートを読んでいると時おり、この人は課題の趣旨をきちんと把握してないのではないかと思わせられる場合があります。こういう人も自分ではわかったつもりでいると思われるので、注意すべきは誤解や錯覚を防ぐことになるでしょう。

そのためには、誤解や錯覚の生じる余地のないほど課題文を徹底的に読むことです。多くの課題文は短い語句で成り立っているので、まともに課題に向きあうなら誤解はありえないことになりますが、短文であるだけに意味を捕捉しにくい場合があります。文意がどうもよくのみこめないと感じるときには、日ごろ見慣れているようなことばでも辞書を引いて意味を確かめることが必要です。

前に引いた『学習指導書』で言えば、短い課題文の前後にそれを補うような記述がないかどうか、課題文の周辺におかれた記述も徹底的に読み込むことが求められます。ここで「徹底的」というのは、第三章で強調したように繰り返し熟読玩味するという意味です。そのような手続きを経てはじめて、課題の求める的に向けてレポートの矢を正しく放つことができることになります。

課題表現の傾向

最近の課題は出題者の個性を反映してほとんど千差万別と言ってよい表現になっていますが、かつては多くの大学の多くの科目でかなり一様に見うけられた課題がありました。レポート課題に限りませんが、それについては「だめな論文課題」という章を掲げている本に厳しい批判が見られます。

そこでは、「だめな論文試験は、評価基準の不明な試験だけでなく、（たとえ評価基準をあげてあっても）出題形式が試験の目的・機能に対応していない試験です。たとえば「文化交流と伝統について書け」、「地球の緑化について述べよ」、「政治原理への責任について論述せよ」、「公害をどう思うか」（中略）という（昭和五七年度入試に現実に出された）類の、つまり「について」方式、「どう感じるか」方式の論文題は、様々な関連事項を羅列、並列させたり、感想文、作文を書かせたりするのに適しているけれども、問いをとりあげ、それに対して秩序立った答えを展開させる、論文らしい論文を書かせるには不適当なのです。「Xについて知るところを記せ」というのもよく見られる、しかしもっともだめな論文試験出題形式のひとつです」（前出『論文のレトリック』）とあります。

現在ではさすがにそういう批判に該当するような事例が少なくなりました。それでも試験の問題やレポート課題を調べてみると、表現にある傾向の見られることが分かります。それを文末表現に限って見れば、「○○について述べよ」や「○○について論ぜよ」もしくは「○○について考察せよ」という言い方です。このような課題表現は日本の大学教育に共通する独特な文末表現と言ってよいでしょう。これらは特に人文・社会学系の科目において多く、自然科学系には少ないようです。

述べよ式

まず『学習指導書』（前出二〇一〇年）から文末が「述べよ」「述べなさい」とあるのを拾い出してみましょう。長短様々な表現になっています。

「教科書の第2章～第12章を、大まかな意味で上述の二つの流れのどちらかに分類し、経験説（環境論）と生得説（遺伝論）の主張を具体的な例を挙げながら説明し、この両説に対する各自の見解を述べよ」（心理学）

「これまでに学習した心理学的考え方を応用して、最近自分の身の回りに起きた、ありふれた日常的出来事（新聞やテレビ・ニュースなどで報道されるような事件は除く）について各自の考察を述べよ」（心理学）
「学習上の注意を守り、白から黒までの見た目に等間隔なグレースケールを作成し、指示された事項について述べなさい」（色彩学）
「自分の体力と健康に対する考えを述べよ」（健康と体力研究）
「以下の課題について学習したこと、感じたことを自由に述べなさい」（日本美術史）
「現代芸術における「～主義（イズム）」とは何か。一つの「主義（イズム）」を中心として、その派生と終焉／継続について述べよ」（現代芸術論）
「芸術の「大衆化」について述べよ」（現代芸術論）
「日本の工芸には、大陸や西欧などから影響を受けて成立した例が少なくない。具体的な分野（陶磁・漆工・染織・金工・木工など）とその作品を取りあげて、海外からの影響と日本的特色などについて述べなさい」（工芸論）
「現代の工芸において、任意の重要無形文化財保持者（人間国宝）または保持団体を取りあげ、履修者を含む現代人の生活とそれらの関わりについて調査し、述べなさい」（工芸論）
「「写真」とは何かを、自分の体験をもとに述べなさい〔略〕」（映像文化論）
「芸術としての写真について、考えるところを述べなさい〔略〕」（映像文化論）
「デジタル技術やネット社会における「写真」の未来像を自由に述べなさい〔略〕」（映

像文化論）
「自己の絵画空間論について述べる」（絵画空間論）
「主体性ののばしかたについて（児童・生徒の主体性をどのようにのばすかについて述べなさい）」（生活指導の研究）

かつては「「絵画」について述べなさい」といった茫漠たる課題表現がありました。最近ではさすがにそうした簡略すぎる課題表現はあまり見られなくなりました。「述べよ」が「論ぜよ」よりも平易な語であるだけに、何について述べなければいけないのか出題側としても触れざるを得ないからでしょう。右にあげた例はおおむねそれについて言及するかたちをとっています。

論ぜよ式

次は「論ぜよ」「論じなさい」を『学習指導書』から拾い出してみましょう。「論ぜよ」は一科目にのみありました。「論ぜよ」が減少したのは、よろず丁寧な言い方が普及している現代日本のご時世ということでしょうか。

「「例題」を参考にして、各自がもっとも関心をもったテーマをひとつ選び、「論点」を明確にすることを目標として、論じなさい」（憲法）
「課題1で選んだテーマ・事例・論点について、添削指導、新たに読んだ資料などを

参考にして、自分の見解を論じなさい」（憲法）

「テキスト『新版 表現活動と法』で扱われているテーマの中から、「例題」を参考に、各自がもっとも関心をもったテーマをひとつ選び、「論点」を明確にすることを目標として、論じなさい」（著作権法）

「課題1で論じたテーマ・事例・論点について、添削指導、新たに読んだ資料などを参考にして、自分の見解を論じなさい」（著作権法）

「教科書の該当する部分をよく読み、そこに記されている事柄の中で特に興味を抱いたもの（略）と自分自身の音楽体験（略）とを関係づけ、各自タイトルを設定し、論じなさい」（音楽論）

「任意の二つの目（もく：分類単位）をあげ、それぞれの目の形態的特徴とそれから推測される生活様式を比較しながら論じなさい（略）」（生物学）

「日本に生息している哺乳類（ペット・家畜を除く）の分布について論じなさい」（生物学）

「（略）①スポーツにおけるメディアの役割について論ぜよ。②メディアにおけるスポーツの役割について論ぜよ。③メディアスポーツにおける公共圏の可能性について論ぜよ」（身体運動文化研究）

「①～⑥のテーマのうちいずれか一つを選択し、作品2～3点を具体的に取り上げて、美術史の流れを論じなさい」（東洋美術史）

「古代美術では、人体を表現する場合、その意図や目的によってどのような形や手法を選んだか？　①エジプト美術、②メソポタミア美術、③エーゲ美術、④古代ギリシャ、⑤エトルリアとローマの美術、それぞれから作品を1点ずつ挙げ、互いの影響関係についても触れながら、比較して論じなさい」（西洋美術史Ⅰ）

「中世美術では、神を可視の存在としてどう形象化し、それが時代ごとにどう変化したのかを、中世の5つの時代区分ごとの美術の特徴を踏まえて論じなさい〔略〕」（西洋美術史Ⅰ）

「以下の美術潮流のうち一つを選び、その芸術的特質と歴史的背景について論じなさい〔略〕」（西洋美術史Ⅱ）

「モダン・デザインの一例を論じなさい」（デザイン史）

「教科書の第1章から第5章までをよく読み、記されている事柄の中からとくに興味を抱いたもの（歴史的展開、人物、作品、ジャンルの特色など）について、自分の鑑賞経験と関連づけて論じなさい」（演劇史）

「『私的民芸論』という論文を提出すること。民芸に関する研究の成果をふまえて、自己の考える民芸について論じなさい」（民芸論）

「三版方式（凸版、凹版、平版）について、その文明史的役割と芸術的役割について、教科書を通して学んだところを足場にして論じなさい」（印刷文化論）

「〔略〕教科書の5章1節5項の「情報的価値を付加してゆくデザイン」を参考にしながら、あなたであれば、商品ネーミングや容器デザイン、広告、宣伝、流通ディスプレイ、営業の販促ツール作成など、どのようにしてこの新製品を売り出してゆくか、

2000字程度で具体的に論じなさい〔略〕」（デザインマネージメント）

「工業的に生産された、二つ以上の異なる材質の部品で出来た生活用品2点を取り上げ、その素材と加工技術を特定し、それぞれの素材、加工技術の特徴を各部品の形状を通して指摘して論じること〔略〕」（工業技術概論）

「教員ヒアリングと教師像（教員生活や教員社会の特徴について、経験豊かな教員あるいは恩師の教員からヒアリングを行い、それをもとに自分なりの理想的教師像について論じなさい）」（教師論）

「子どもの個性と教員の役割（子どもの個性を引き出し伸ばすということについて、美術・工芸・情報科の教員の役割を論じなさい）」（教師論）

「学級崩壊について（教員としての視点から、学級崩壊現象について論じなさい）」（生活指導の研究）

「フロイトとロジャーズ（フロイトに基礎を置くカウンセリングとロジャーズに基礎を置くカウンセリングのそれぞれの特徴を指摘した上で、それらのメリットおよびデメリットについて論じなさい）」（教育相談論）

「教育問題と教育相談（いじめ・不登校・非行などの教育問題に対して、どのような教育相談の方法やシステムが有効か、これまでの行政的対応にも触れながら論じなさい〔略〕）」（教育相談論）

似たような言い方に「論述せよ」や「記述せよ」などがありましたが省略しました。かっては「論ぜよ」式にも「基本的人権について論ぜよ」や「日本文化の構造の特徴について論ぜよ」という簡略な表現の課題がありました。ここにあげたなかには単に「について」ではなく、何をどのように論ずるのか字数をついやして具体的に指示した課題文が多く、以前に比べると相当に取り組みやすくなったといえます。

「論ずる」は、一般的には「理非を論ずる」とか「黒白《こくびゃく》を論ずる」といった言い方で多く使われてきました。ちなみに「論ずる」を辞書で引いてみると、「①物事を筋道たてて説明する。解き明かして述べる。また、物事の是非をただす。あげつらう。②言い争う。論争する。③とりあげて問題とする。そのことをとりたてていう」(前出『日本国語大辞典』)とあります。①のような説明を読めば、いかにも学問や研究のためのことばだということが分かります。

考察せよ式

最後は「考察せよ」の例です。これについては「考察せよ」だけでなく、「考察しなさい」および「考察して下さい」などという言い方が見られます。

「寺社・小祠に寄進された奉納物を調査し、庶民信仰のあり方について考察せよ」(民俗学)

「自分の住んでいる地方または自分の家の盆、あるいは正月行事を調査し、考察せよ」(民俗学)

「東洋において制作された美術の中から、任意に1点の作品を選択し、美術史の視点に立って作品を考察せよ。さらに、その作品が日本美術へ与えた影響について考察せよ」（東洋美術史）
「1780年から1980年までの間に制作された西洋の美術作品一点を選び、実際に鑑賞した上で、その造形的な特質について具体的に考察しなさい」（西洋美術史Ⅱ）
「日本美術における、芸術と社会とのかかわりについて考察しなさい〔略〕」（美術論）
「自らの前半生を振り返って、その過程で強く印象に残っている本、あるいは印刷物を1例あげ、これについて分析、考察して記しなさい〔略〕」（印刷文化論）
「近代文明のあり方と書物のかかわりについて考察して記しなさい〔略〕」（印刷文化論）
「あなたの身近にある歴史的なまちや建築で気になっている部分を観察して、考察して下さい〔略〕」（建築論）
「写真の発明と発達が社会に及ぼした影響を考察しなさい〔略〕」（映像文化論）
「自動車のプラモデルのキットを購入し、そのパッケージに入っているパーツをよく観察してプラスチックの生産技術を分析、その結果を考察してレポート作成を行う〔略〕」（工業技術概論）
「人間―機械系の適合性について、5つの側面について、それぞれ別の1例を挙げて考察せよ」（人間工学）
「安全性、ユニバーサルデザイン、ロバストデザイン、エコロジー、メンテナンスおよび感性デザインを考慮した製品やシステムの例をそれぞれ4つ選び、なぜそうなの

か考察せよ」（人間工学）
「過去の教育経験から学習意欲・学習動機が高められる条件、低下する条件を考察しなさい」（教育心理学）

「考察」からは「思考」と「観察」という熟語が連想されるように、「考察する」は「論じる」「論ずる」よりも親しみやすいと言えます。要するに調べたり考えたりすることが「考察する」ことだと類推できるからでしょう。と言っても見慣れない人にとっては、「考察せよ」も「論ぜよ」と同じく分かりにくい表現に写ることが想像できます。

レポートの課題としてはこれら三種に代表される文末表現に大きな特徴が見られます。高等学校までの学校教育では、このような課題で文章を書いたことがないという人が大部分ではないでしょうか。しかし大事なことは、こういう言い方に驚かないことです。はじめての場合には「述べよ」「論ぜよ」「考察せよ」というのは三者の違いも分かりにくく、途方に暮れる人もいるでしょうが、レポートの要素が事実と意見という二大要素で成り立っていたことを思い出すなら、それほど困惑する必要はありません。

つまり「見解を述べよ」「考えを述べよ」という言い方があったように、「論ぜよ」「考察せよ」とあっても、一般的には多くのレポートが書き手の意見を求めていると分かります。何々について要約しなさいとか何々をまとめなさいといった具体的かつ限定的で誤解の生じにくい課題のほかは、「述べよ」「論ぜよ」「考察せよ」という言い方にほとんど意味上の差がありません。教科書や参考文献などによって学習した結果として、今度は書き手自身が考えをめぐらして自分なりの意見を形成することが要求されているわけです。

「文学」の課題

「述べよ」「論ぜよ」「考察せよ」という言い方を使わない課題表現の例として、「文学」の課題を取りあげてみましょう。前に引いた『学習指導書』に所載の「文学」の課題IIは二〇〇二年度以来、「自分の読んだ任意の小説のプロットのありさまについて説明せよ」でした。「説明せよ」という語句は他の科目にもありましたが、これまで紹介してきた三種の表現に比べてかなり少ないと言えます。これは前述の三種ほど特殊な用語ではなく、何について説明すべきかに言及しているので分かりやすいはずですが、課題文の字数が約三〇字の短い語句なので人によっては案外むずかしいと感じるかもしれません。

この課題文のなかで何が最も重要な語かと問えば、すぐに「プロット」という答えが返ってくるでしょう。つまり「プロット」という鍵となる語の意味が分からないと始まりません。そこで『学習指導書』のゴシック体で書かれた課題文の後に続く文章に目を転ずると、次のような文章に行き当たります。

「任意の小説」というのは課題Iに書かれてあるものと同様です。受講生がみずから選んだ小説という意味であり、小説というジャンルに限りますが、既に定評ある作者によって書かれた「文学」作品であることが必須の条件であることは変わりません。選んだ作品は課題Iの場合と異なったものが望ましいということになります。

またプロットという用語については、教科書第五章に言及されているように、一編の小説の内部にどのようなプロットがあって、どのような働きをしているか具体的に分析して述べることが必要です。プロットがストーリーとは違って、登場人物の言動を促してストーリーを展開する原動力になるだけでなく、出来事や場面という語では置き換えられないことを理解しつつ作品の内部に即して分析することが肝要です。

前半の段落では対象作品のジャンルが小説であるとことわっていました。まれに小説ではない昔話や詩や随筆を持ち出す人がいるのは、この部分をきちんと読んでいなかったためと思われます。プロットは後半の段落で触れられています。ここでは「教科書第五章に言及されている」とあるので、あらためて教科書の第五章を復習する必要があります。またここにはプロットだけでなく、それと対比的なストーリーという用語も見えます。つまりある専門用語を理解するにはその周辺から迫っていくという方法があるわけです。ストーリーという用語と対比的に考えた方が、プロットという語ばかり見つめるより理解しやすいのです。そこで教科書（拙著『文学の新教室』）の該当部分を見ると、「小説の要素」という一節に扱われていることが分かります。なかでも次のような部分がプロットに関する記述の中心部になるでしょう。

このようにストーリーを推し進める原動力となるのがプロットですが、普通プロットを構成するのは葛藤です。たとえば、一連の出来事が「物語となるためには、それらの出来事は一つのやま、焦点をもっていなければならない。そのやまで一番普通な形は何かの葛藤である」（ディキンスン『文学研究法』）と言われるように、葛藤すなわち対立がプロットの内容を決定します。そしてその最も単純なものは善悪の対立です。これは娯楽小説の常套手段であり、善玉と悪玉にはっきり分かれた登場人物による物語は誰にでも明快でわかりやすい永遠のプロットと言えます。

ここでは、「プロットを構成するのは葛藤です」と言い、「葛藤すなわち対立がプロットの内容を決定します」とあるので、もはやプロットの内実が決まることになります。そこでレポートを書こうとするなら、「葛藤」や「対立」の要素が含まれている作品を選べばよいのです。また「その最も単純なものは善悪の対立です」とまであるので、善玉や悪玉の現れる作品を探すことが、課題に答える近道となります。このように甚だ手前味噌ですが、短い課題文であっても指示が限定的である場合には、何をどのように調べて考えればよいかが分かるようになっています。

レポートの実際

今度は前節の課題に基づいたレポートの例を紹介しましょう。次に掲げる文章はＭ・Ｔさんによる「文学」第二回すなわち課題Ⅱに応じたものです。掲載にあたっては原文そのままではなく、本書の著者が若干の改稿をほどこしました。ただし改稿はあくまでも枝葉末節にとどめており、もとの文章の骨格を十分に生かしていることをことわっておきます。

プロットとはストーリーを推進する原動力となるものである。ストーリーが時間の経過に伴って語られる出来事の連続であるのに対し、プロットはそれら出来事の因果関係を意味し、葛藤によって構成される。わたしは今回、新美南吉の「牛をつないだ椿の木」(『ごんぎつね』フォア文庫)で起こる葛藤を対立という言葉に置き換えて、そのありさまについて説明したいと思う。作品のはじめからストーリーを追いながら見ていくと、四つの大きな対立があることがわかる。

「牛をつないだ椿の木」は、山中、道のかたわらの椿の若木のところで、牛車ひきの利助と人力ひきの海蔵ののどが渇く場面からストーリーが始まる。二人は牛を椿の木につないで道から一町ばかり入った山の中の泉まで水を飲みに行く。そうしている間に、牛が椿の葉をすっかり食べてしまい、そこを山の持ち主である地主が通りかかる。地主は牛の持ち主である利助を叱り飛ばす。

ここでストーリーを進めるもととなる最初の対立が起こる。牛車ひきの利助と地主との対立である。地主が山の持ち主であり、椿の所有者として、牛の持ち主である利助に腹を立てるのは当然と言えば当然のことだ。しかし、地主は「もとのように葉をつけてしめせ」などと無理なことを言ったり、体が震えるほど怒鳴りちらしたり、その様子はあまりにも度を過ごしている。もし仮に利助の牛に地主の自転車がぶつかったというように、二人の立場が逆であれば、利助が地主のことをおとなが子どもにするように叱り飛ばすということにはならなかったであろう。そこには対立は起こらず、ストーリーも進まないに違いない。では地主をこのような態度にさせた立場の違いとは一体何なのだろうか。地主は田舎では旦那衆しか持っていないという自転車も持ち、富も権力も持っていることがわかる。一方、利助はただの牛車ひきである。二人の立場の違いとは、富や権力を持つ者とそうではない者との違いでもあるのだ。この対立を目の当たりにしたことにより、主人公の海蔵は「しんたのむねの下に、人々のため井戸をほろう」と決意するようになる。

こうして海蔵は井戸を掘るために、最初の対立の発端となった利助のもとへ相談しに行く。海蔵は貧しい人力ひきで、井戸を掘る金はなかったけれど、利助が最近山林でもうけたという話を思い出したからだ。なぜここで海蔵は金持ちの地主ではなく、利助のもとへ相談しに行ったのだろうか。先の対立の中では傍観者だった海蔵だが、利助とともに地主にあやまったりする行動からは、明らかに「持たざる者」として利助に共感していることが読み取れる。海蔵は利助が自分と同じ立場の人間として、井戸を掘ることへの協力をもとめるのである。しかしここでも、また新たな対立が生まれる。これが二番目の対立である。今度の対立は海蔵と利助とである。同じ立場として印象づけられていた二人の関係が、実はそうではなかったことが明らかになる。利助は働き者だが、それは自分のためだけの働きであり、海蔵の井戸掘りの話には全く興味を示そうとしない。だから当然、山林でもうけた利助の金を、いくら金のない海蔵があてにしても、そこには対立しかなくなってしまう。

そこで、どうしても井戸を掘るために金を必要とする海蔵は、椿の木の下に喜捨箱を置いてみる。けれども、そこを通りかかる人々は利助と同じように、井戸掘りには無関心なのか、箱の中は空のままなのだった。この場面は、地主や利助との間にあった対立を更にもう一押しする海蔵と彼以外の人々との対立と見ることができる。これが三番目の対立となる。こうした周囲の人々と海蔵との間にできた対立は、海蔵を次の行動へと向かわせていく。

結局、自分一人の力で井戸を掘ることになっていく海蔵は、それまでの習慣を改めることにより金を作ろうとする。彼はお菓子のために使っていた金をためることを決意するのだ。他の人力ひきがお菓子をつまむのを横目に、じっと我慢を重ねる海蔵の姿はプロットを構成する葛藤そのものだ。彼の「井戸のために金をためる」という気持ちと「お菓子を食べたい」という気持ちとの、彼自身の心の対立があるからだ。

このような対立と葛藤を経た二年後、とうとう海蔵は最初の対立のもととなった地主に、井戸を掘る許可を得ればよいだけのところまでやってくる。つまり、ここまできてようやく、この物語のストーリーの原動力となるプロットの原点と対峙することができるようになるのである。それは井戸を掘ることを承知しない地主と海蔵との対立であり、これが四番目で最後の対立となる。海蔵が許可を得ようと地主のもとへ通ううちに、当の地主は病で死にかける。それでもなお、井戸を掘ることに対して頑な態度をとり続ける地主だったが、その死の間際に海蔵の見せた良心に心を動かされ、ようやく井戸を掘ることを承諾する。それればかりか、井戸を掘る費用が足りなかったら自分が出してやろうとまで言ったのである。

以上のような経過を経て、地主と海蔵は和解し、井戸の完成となる。つまりこの作品のプロットとは利助と地主、海蔵と利助、海蔵と人々そして海蔵と地主という四段階の対立によって成り立っている。しかし最初に利助対地主の対立から始まり、最後に海蔵対地主の対立で終わっているのを見ると、プロットの中心は貧しい者と金持ちとの対立という貧富の葛藤であると考えることができる。（二一九八字）

このレポートは課題内容をよく消化した結果を示しています。これを本書の第六章で詳述された構成になっているかどうか検討してみると、相当の相違があることに気づかれるでしょう。というのも第六章では、「文学」第二回の課題のような細かい指示ではなく、ごく大まかな問いによる「述べよ」「論ぜよ」「考察せよ」式の一般的な課題を想定していたからです。そのような基本はそれとして理解した上で、千差万別である個々の課題に向かうにあたっては、それぞれの課題内容にあった方法を各自が工夫してほしいものです。ちなみに対立と葛藤がプロットの主要な要素をなしている代表的な作品には、夏目漱石「坊つちやん」・太宰治「走れメロス」・宮沢賢治「セロひきのゴーシュ」などがあります。

原稿用紙の使い方

原稿用紙の使い方以前に守るべきは、まず与えられた全体の字数や枚数の制限を遵守《じゅんしゅ》するということです。これまでレポートを添削してきた経験から言うなら、こういう当たり前のことを分かっていない人が往々にしていました。何行も余白を残したままで終わっていたり、逆に何行も余分にはみ出して続けたりするのはともに感心できません。

原稿用紙の使い方については既に一応心得ている人が大半でしょう。原稿用紙は漢字にかな交じりという日本語の文字表現にふさわしいかたちになっています。そのため算用数字やアルファベットの記入にはいささか不便ですが、普通の日本語表現であれば、一ますに一字ずつ書いていくのが原則です。ますめを無視したり、小さな文字をいくつも一ますに入れたりしないことです。一ますをできるだけ有効に使って読みやすいように比較的に大きな文字で書くことが望ましいのです。

表題や筆者名を書かなければならないときは、それなりに行数を取る必要があります。字数の少ない小論文では別にそれらを記入する欄や枠が設けられていることが多いので、そういう場合には最初の行から本文を書き出してかまいません。その際書き出しの一字分をあけるのが原則です。また改行したときも書きはじめは一ますあけて、二ますめから書き出します。時おり改行しながら一ますあけないで書き出しているのを見ることがあります。これは段落の意識が弱いためと思われますので、ぜひ本書の段落に関する記述を復習してほしいものです。

句読点やかっこなども一ます取りますが、行末に文末の文字が来たときには、次の行の最初のますめに句点を書かず、前の行末の欄外に句点を書きます。読点や閉じる方のかっこが来る場合も同様で、一般的に句読点や閉じのかっこのみが行頭に来ないようにします。これを禁則処理と言いコンピュータを使う人には周知のことですが、はるか以前の活版印刷のころからの習慣です。

より基本的なことは原稿用紙が提出物ということです。これは今さら言わなくともよいはずですが、数多いレポートを見ているとなかにはそれが忘れられているようなものがあります。まず汚れていない紙面であることが望まれます。飲食物などのしみがついたりしているのは論外であるとともに、変なところで折れ曲がったりしていないことが特定の読み手に対する礼儀でありましょう。汚れていないと言えば、文字を書くときにも紙面をきれいに保ちたいものです。文字を消したり書き直したり手のひらでこすったりして、もともと白い紙であった生地を損なわないことが大切です。

また特にきれいな文字で書かなければいけないことはなくても、文字を丁寧に書くことは必要です。一点一画をおろそかにせず丁寧に文字を書くという習慣があれば、誤字や脱字についても神経がゆきとどくようになります。レポートを読んでいて時おり読みにくい文字に出会うのは、ほとんど筆順の誤りによる変なかたちだからです。漢字では止めたりはねたりする部分に気をつけることも必要ですが、「オ」や「犭」（けものへん）がてへんと紛らわしくなっていたり、「術」の中央を「求」として誤ったまま記憶していると思われる例があります。ひらがなでも「そ」「ら」「れ」「わ」「を」といった字がくせ字のあまり判読しにくいものがあり、かたかなでは「ク」と「ワ」、「シ」と「ツ」、「ソ」と「ン」、「ア」と「マ」の区別がつかないもののほかに、「ヲ」に変なかたちが多く見られます。

忙中閑話［九］　日記の習慣

文章上達のこつは第十章の冒頭でも触れるように、まず何よりも練習だと言えます。文章の練習とは多く書くことに尽きます。ところがそれまで文章をあまり書かないできた人が、みずから課題を決めて何がしかの文章を日常的に書くというのは至難のことかもしれません。そこで勧めたいのが日記をつけることです。

長い文章を一度に書きあげることは慣れないとむずかしいのですが、一日に短時間だけ短い文章を書くというのは、それほど困難なことではありません。また日記にやかましい規則はありません。出来事中心の記録に近いものでもよいし、経験に基づく感想を主体にしたものでもよいのです。要するに自分の好きなように好きなだけ書くことができます。そしてこれは毎日することですから、一年間続けたあとでは日記を書かない場合との経験の差は歴然です。

彫刻家の飯田善國は造形活動だけでなく詩作をはじめとする著述活動の面でも活躍しましたが、はじめて書くことの面白さを経験するようになったのは日記をつけることからだったと、「荒野に立つまで」と題する文章で語っていました。

私が文章を書くようになったきっかけは、中学二年のとき、日記をつけはじめた時からである。その頃、医学部の学生だった兄の栄一が帰省のお土産に当用日記を買ってきて、「日記をつけるのは為になるんだぞ。なんでもいいから毎日書いてみろよ」と私にくれたのである。兄を崇拝していた私にとって、彼の言葉はコーランの言葉のようなものであった。なぜ日記を書くことが身のためになるのか尋ねる暇もなく私は日記というものを書かされる破目になった。

最初私は何から書いてよいか見当がつかなかった。十二歳の少年に内面の告白などという気の利いた主題の思い浮ぶはずはなく、私は至極当り前に、その日にしたことを殆ど箇条書きのように記述して行った。「朝六時半起床　朝食七時　霜柱の立った道を自転車で登校　八時十分校門につく　小暮君はまだ来ていなかった　寒気厳し」といった調子である。

無味乾燥の標本のような文章であったが、来る日も来る日もこういう文章を書きつづけた。日記をつけ始めて数カ月経つと、最初苦痛に感じられた「書く」という手と思考の運動が、次第に苦痛でなくなったばかりでなく、夜寝る前にその日一日の、為したこと、起ったこと、経験したことのすべてを記憶の袋から取り出して、順序立てて書いていくことにある喜びを感ずるようになった。

〔中略〕

日記という形で文章を書き始めたということは、その後の私の文章の構造を決定してしまったのではないかと思う。なぜなら、最初の数年、自分の経験する一日の出来事を、時間の順序に従ってただ羅列的に記述していたのだが、やがて、それらの外的な出来事や現象は、自己の内部との関連を通して把握された時、初めて何らかの具体的な意味をもつことが判るようになったから、日記の中に書きこまれる出来事も、自己の心理や感情との微妙な関係に重点をおいて書くようになる。

そうやってこそ、出来事は初めて現実感を帯びて自分の前に立ち現れてくることが、だんだん判ってきたのである。言わば文章の初歩ともいうべき事柄を覚えるのにも、人はいろいろ回り道や無駄な骨折りをしなければならないものらしい。

（週刊朝日編『私の文章修業』朝日選書　一九八四）

日記というのは、このように、自由に素直に自分の経験や気持を書きしるして行くことに始まります。であれば誰にでもできることであり、日常生活でのちょっとした工夫で済むと言えないでしょうか。ここでは、「文章の初歩ともいうべき事柄を覚えるのにも、人はいろいろ回り道や無駄な骨折りをしなければならないものらしい」とありますが、一見「無駄な骨折り」と見えることであっても、日記という小さな行為の継続がそのまま確実に「文章の初歩」につながったことの実例となっています。また引用文に続いて次のような部分がありました。

日記を書くことの特権は、それが飽くまでも自分一個のためのものであるという一事に尽きる。したがって、書く者が一人であるように、読む者も一人であって、その一人は同じ人間である。書き手と読み手が同一人であるという構図の裡に、日記というものの特異な文体があるのかも知れない。つまり、日記の文体は、自己への語りかけであるから、うまい文章を書こうとするよりは、自己の内面に生起する精神の波動の微妙な起伏と運動をできるだけ正確に記述しようとする意志によって決定されることになる。

すなわち日記をつけることによって、何ごとかを「できるだけ正確に記述しようとする意志」がはたらくことが分かります。この正確さを求めようとする「意志」のはたらきが何より文章表現の上達に直結しているので、日記をつけることの積み重ねがそのまま着実な文章表現の練習になります。日記を毎日つけることは地味で目立たない行為ですが、そこでは日々自分を振り返ることになり、それは再びより良くあすを生きようとする意欲をわきあがらせることに通じます。そういう向上心がすなわち文章上達の道に重なるのです。

一度でも文章を読んだり書いたりすることの楽しさに目覚めた人は、学校を卒業してレポートなどを書く必要がなくなったとしても、引き続き書きことばの世界の住人でありたいものです。その際本を読んだり手紙を書いたりすることとともに、日記をつけることが生活の一部となります。本書ではレポートの書き方を指南していますが、そうでなくても日常的に文章を書くことが最も手近な文章上達の方法です。要は毎日書くことであり、たとえ短文でも毎日書く習慣があると、長めの文章を書くことがそんなに苦にならなくなるものです。毎朝顔を洗うように、夜には日記をつけるという生活習慣のあることが文章上達の素地になるでしょう。

第十章　草稿から清書へ

書き始めはいつも草稿

文章を書くことは水泳にたとえることができます。水泳ができるようになるためには、水に入って手や足を動かさなければならないように、文章が書けるようになるためには、まず自分の頭を駆使して書き始めるよりほかありません。何度も書く経験を積んで、身をもって書きことばの使い方を覚えていくことが書けるようになる常道です。だから良いレポートを書きたいというのであれば、草稿すなわち下書きから始めて、何回も書き直すという段階を経るのが良い方法となります。清水幾太郎『論文の書き方』(前出)の第一章には、そういう方法を想起させるような一節があって示唆的です。

私は画家の生活というものを全く知らないが、美しい大きな油絵を描く前に、画家は何十枚も何百枚も地味な小さなデッサンを研究しているに違いない。〔中略〕少し乱暴な言い方をすれば、あの短文というのは、特に、長い文章の前提としての短文というのは、絵画における小さいデッサンに相当するように思う。沢山のデッサンを研究してからでなくては、大きな油絵に取りかかれないように、短文の研究を十分に行ってからでなくては、長い文章は書けないように思う。短文を書くという練習を抜きにして、最初から大論文を書こうとする人をよく見かけるが、それはデッサンをやらないで、大きな油絵を描こうとするのと同じである。

最近はここに見えるデッサンというフランス語を使わないでドローイングという英語を

使う人が多いようですが、絵も文章も基本的なところは変わらないと言えるでしょう。同書の第一章は「短文から始めよう」となっていますが、本書ではまず「草稿から始めよう」と言いたいのです。

文章を書き慣れない人がいきなり立派な文章を書けるはずはありません。それならどうするかと言えば、草稿から清書までの行程を相応にとるという覚悟が必要です。どんなに頭のなかに書くことが豊富にわきあがっていたとしても、一度に完成稿ができるとは誰も思わないでしょう。草稿一回、清書一回でことが済むと思わず、数次にわたる草稿を経てある程度でも納得のいく文章になったら清書をするという気持を持つことが、文章を書くときに必要な覚悟です。

草稿には様々なかたちがありますが、最初は腹稿という段階をとることが理想的です。文章にする以前に様々なメモを書き、おなかではなく頭のなかで腹案を練るというものです。メモから文章というかたちにするために構想を練るわけですが、文章を書き出すのは全体としての統一や一貫性について構想がまとまってからです。はじめに何を書き、まんなかで何を書き、最後に何を書くかという大体の筋書きを考える必要があります。

そのような全体の構想が一応練られ文章の大きな骨格が見えてきたら、書き出しの一行を考える段階に達します。これは駅のホームでも電車のなかでもできることです。この書き出しの一文ができたら最初の草稿を書くということになります。

草稿を書く上で注意すべきは、一度書いた草稿にこだわらないということです。気にくわなければ最初から書き直すことをいとわないという思い切りのよさが、文章に限らず良い表現へ通ずる道と言えます。また分量的には課題における制限字数よりも一、二割ほど多めの字数で書きあげることが秘訣です。というのもその方が改稿する段階で削りやすいからです。長いものを短くする方がその逆よりはるかにやさしいのです。

推敲の秘訣

すぐに清書をしたくなるような完成稿ができたら推敲《すいこう》となります。推敲とは今さら言うまでもありませんが、中国の故事に語源を持つ熟語です。それは唐の詩人の賈島《かとう》が「鳥ハ宿ル池辺ノ樹、僧ハ敲《タタ》ク月下ノ門」という詩句を得たものの、後半に関する当初の案は「僧ハ推《オ》ス月下ノ門」だったので、「推」と「敲」のいずれが良いか苦吟の末に先輩の韓退之《かんたいし》の意見に従い「敲」に決したという逸話によります。

このように詩人や文学者が表現上の一語一句にこだわるのは、画家が色にこだわり、作曲家が音にこだわることと変わりません。ゴッホは弟テオドールにあてた手紙のなかで、「いまギ・ド・モーパッサンの『ピエールとジャン』をよんでいるが、すばらしい。きみはあの序文を読んだことがあるか」（前出『ファン・ゴッホ書簡全集』）と言って、小説『ピエールとジャン』の序文として掲載された「小説について」という文章に感服していました。そこにはモーパッサンの師であったフロベールのことばが創作上の教訓として紹介されています。

すなわちその文章にはゴッホの気に入った、「才能とは根気であり、独創とは意志と深い観察と努力である」ということのほかに、「何を言おうとするにしても、それを表わすには一つの言葉しかない。それを生き生きと動かすためには一つの動詞しかないし、それを形容するためには一つの形容詞しかない。だからわれわれはその言葉を、その動詞を、その形容詞を、見つけるまでは捜さなければならない。決して困難を避けるためにいい加減なもので満足したり、たとえうまくいってもごまかしたり、言葉の手品を使ってすりかえたりしてはならぬ」とありました。文章を書くというのはいくつもの材料を組み立てて堅固な家を造る建築のようなものですから、それぞれの文や文脈に最もふさわしい単語や語句に行き着くまで容易に妥協せず、究極までことばにこだわって表現を突き詰めるという努力が望まれます。

ひと口に推敲と言っても単に読み返せばよいというものではありません。多くの著述家はその駆け出し時代においてそれぞれに工夫しています。最近は著者と編集者との二人三脚とも言うべき共同作業の例も見られますが、熱心で優秀な編集者にめぐりあった著者は幸運と言えます。

そのような編集者がいない一般的な場合での効果的な推敲の手段は、一応の完成稿を誰かに読んでもらうことです。読んでもらう人は文章の読み書きにたけている人がふさわしいので、身近にそういう人が見あたらなければそれに近い人を探すことです。現代は電子複写機が普及しているのでコピーは簡単に取れます。読んでくれる人にそれを預けて、後日その批評を聴くというのがよいでしょう。

しかし人に原稿を読んでもらうことは、手軽に考えるわけにはいかない要注意事項です。たがいに親友と許しあっている仲ならともかく、忙しい人に自分の原稿を読んでもらうにはそれ相応の手続きや礼儀が必要です。そういう段取りについては自分なりに工夫していただくとして、このときの秘訣は聴く態度です。その場で議論したり相手を説得しようとしたりしてはいけません。反論なら書き直して次の原稿を示すことで足ります。読んでもらったあとはひたすら素直に相手の批評や感想を聴き、自分の書き方をどう改めるべきか考えをめぐらすことが大切です。

読んでもらう以上に手軽な推敲のわざは、聞いてもらうことです。これは自分の書いた文章を読み聞かせることのできる親しい相手がいる場合に限ります。文章も数十分で読めるような短いものでなければ不可能という制約がありますから、万能の方法ではありません。

作家の里見弴は小説を書き終えると妻に読んで聞かせたと言われています。「どんなことが書いてあったかいってごらんと、小学校の先生みたいなことをいうのだそうだ。すると、相手はいろいろまちがったこともいう。そのときは、ふん、ふん、そうか、そうかと黙って聞いておいて、誤解されたその箇所をあとで書きなおすのだという」(中村明『悪文』*)とは、ほほえましい作家の舞台裏と言えましょう。読み聞かせるというより、配偶者に書いたものを読んでもらう人は今日でも多いようです。この場合は両者が対等に近いほど遠慮がないので、本音のやりとりになることが予想されます。

＊中村明『悪文―裏返しの文章読本』(ちくま新書一九九五)

寝かせること

読んでくれる人も聞いてくれる人もいない孤高の書き手の場合はどうすればよいでしょうか。そういう場合には時間的な間隔をとることです。一度書きあげたらしばらくは原稿から遠ざかるつもりで、日にちをある程度おいてから読み直すことが効果的な推敲につながります。その間隔は数週間から一箇月ほどがよいでしょう。こういう仕方を原稿を寝かせる、または原稿に風を入れるとも言います。

作家の横光利一は原稿を書きあげると机の引き出しに入れっ放しにしていました。編集者が取りに来ると、横光は引き出しから原稿を取り出して読み始め、待たせたまま推敲したと言われます。書きあげてすぐ読み返さないのは、書いた直後だと頭がまだ興奮していて冷静に読めないから、なるべく長く置いておくのだと説明したそうです。古きよき時代の小説の大家にしてできた逸話と言えるでしょう。これは外山滋比古『文章を書くこころ』*で紹介されている話ですが、同書ではもう一つアメリカの作家へミングウェイにも触れられています。

へミングウェイは作品を書きあげると、ろくに読み直しもしないで銀行の貸し金庫にいれてしまい、だいぶ経ってから取り出して手を入れたそうです。しかし、それでもまだ気に入らないとまた貸し金庫にもどし、それを何度か繰り返して自分なりに納得してから原稿を出版社に渡したそうです。へミングウェイが亡くなると貸し金庫からそういう未定稿がトランク何杯分も出てきて世間を驚かせたと同書では紹介しています。

このように原稿を寝かせるのも読んだり聞いたりしてもらうというのも、推敲には客観的な第三者の目で見ることが必要だということで共通しています。つまり書き手とはまったく異なる読み手の立場に立つことが重要なのです。ひとり合点の唯我独尊風の文章ではなく、頭や心を共有していない他人が読んでもきちんと通じる文章になっているかどうか

＊外山滋比古『文章を書くこころ　思いを上手に伝えるために』（ＰＨＰ文庫一九九五）

が大切なことです。

見なおしの要点

推敲の際には何に気をつければよいのでしょうか。経験を積み重ねていくとおかしなところが自然に見えてきますが、はじめのうちはそういうわけには行きません。内容と外観の双方から見ていく必要があります。内容の方面では次のような項目に気をつけるべきでしょう。

一、文章全体の主題が明確であるか。全体を統一すべき主題の内容に揺れやずれが生じてないか。
二、一段落に一主題があるか。一つの主題がいくつもの段落に分かれてしまっていないか。
三、段落の内容が相互に連絡しているか。隣接する段落間に意味の通じにくい飛躍がないか。
四、文意がまっすぐ通るか。主部と述部がねじれたり修飾関係が不適切になったりしていないか。
五、叙述の程度が適切であるか。説明や論証において簡単過ぎたり詳細過ぎたりしていないか。

このほか文章を読解する上で支障はないかどうか、文の意味がとどこおりなく通じているかというように、第三者の目になって読むことが内容面での推敲につながります。次に外観の方面からは次のような項目があります。

一、文体は統一されているか。常体と敬体の混用はないか。

二、かなづかいは正しいか。新旧かなづかいの混用やひらがなとかたかなの使用に誤りはないか。

三、漢字づかいは正しいか。送りがなの過不足や当て字や誤字や脱字などはないか。

四、句読点や記号の使い方は適切か。読点が多すぎたり、かっこの閉じが落ちたりしてないか。

このように点検してみると、他にいくつも項目をあげることができます。はじめのうちは内容と外観の双方からおかしな表現がないか丁寧に見ていくという態度が必要です。特に推敲のために読むときは小さな声でよいから音読すると、さらに効果的でしょう。芭蕉は「句ととのはずんば舌頭に千転せよ」と言いましたが、これは現代の文章表現にも当てはまる金言です。樋口裕一[*]『大人のための文章道場』の第10章「推敲する」には、より細かく用語や文字の使い方にわたって推敲の要領を述べているので、参照する価値があります。

草稿に始まって推敲に至るという行程を経て、一編の文章表現という行為は完了します。

*樋口裕一『大人のための文章道場』(角川文庫二〇〇九)

このとき最後の推敲はいやがおうでも自分を省みるという結果になり、この積み重ねが第二章で述べた言語人格の拡大と深化に通じます。すなわち単に読むだけでなくみずから書くことも含めた書きことばの世界の住人になることは、それだけ多く自分を磨く機会を持つことになるのです。書くことが人間形成に役立つと言われるのは、特に最終段階の推敲という作業が注意力や集中力を養うとともに思索や内省の鍛錬を招くためです。課題のためだからと文章を義務的に書き流すのではなく、表現の主体である自分自身をさらに一段と鍛えるためにも、ぜひ推敲を十二分におこなってほしいものです。

忙中閑話〔十〕　手帳の携帯

今日ケータイと言えば携帯電話のことです。ところが携帯電話のなかった時代に手帳を携帯、いや携行していた著名人がいました。古くは一八六二（文久二）年に、福沢諭吉が文久遣欧使節団の随員としてヨーロッパに行った際、パリで手帳を購入したことが知られています。福沢は手帳を利用してのちに『西洋事情』などの著作を書きあげました。夏目漱石は全集に十五冊の手帳に書かれた備忘録が収録されています。宮澤賢治にはのちに「雨ニモマケズ」手帳と呼ばれるようになったものが死後病床で発見されました。太宰治は小説の構想を丹念に手帳に書きつけていました。要するに何かを書こうとする人にとって手帳は必須の道具と言ってよいでしょう。

新しく大学生になると学生手帳を持つことが多いようです。手帳には一年間使えるように三六五日の日付が入っているのが普通ですが、レポート提出の締切日や試験の日付を記入しておくことは手帳利用の基本です。しかしそのような行事や予定を書き込むだけではまだ使い足りないと言えます。文章を書こうとする人にはもっと活用できる余地があります。それには、「常に持ち歩く」「思い立ったら書き込む」「書いたことを見返す」という三要素が大切です。

レポートに限らず何かを書こうとすると、何について書くのか核になる部分をまず決めることになります。たとえば西洋美術に関心があるのなら、そこからさらに興味を掘り下げ、「古代エジプト美術→アマルナ美術」のように焦点を絞ることができるでしょう。すると手帳に「アマルナ美術」と書き込むことが発端となります。次には古代エジプト美術に関する書籍や文献を探し、探し当てた書名や文献を列記することで方向が確定します。

その次は手にした本や文献を読み込んで、必要な人名や作品名などを記入するだけでなく、記述の要点や勘所を書き留めます。そのためのノートを別に用意するのも一つの方法です。そこから今度は書くばかりでなく書いたものを見ることが始まります。つまり自分が書いたものは考える材料です。書いたメモを繰り返し見て読むことが考えることにつながります。それは短い時間でもかまいません。考えることが習慣になれば、新たな思いつきや発見が出てくるでしょう。今度はそれを欠かさず書き留めるのです。第五章で触れた感想を育てる好機とも言えます。そのために手帳を常に持ち歩き、思い立ったら書き込むという反復作業を勧めます。

さらなる手帳の効能として最近よく言われるのは夢の実現です。夢を手帳に書き込んで成功したベンチャー企業家の本が評判になりました。そこでは、「夢をかなえる方法の一つ、それは、手帳に書くことです。手帳に、自分の夢を書き込むのです。将来の目標、やりたいこと、人生の計画、すべて手帳に書き込むのです。そして、その手帳を常に持ち歩くのです」と言い、続いて次のように述べていました。


この「常に持ち歩く」という点が、本当に重要です。

みなさんも、将来の夢や目標はたくさんお持ちだと思います。でもそれらは、漠然と頭の中だけにあるのではないでしょうか。自分の大切な夢を、いつ思い出し、いつ忘れ去ってしまうかわからない頭の中に漂わせておいて、その夢はかなうでしょうか。いつのまにか自分の夢が、小さくなったり、無くなったりしていませんか。

また、夢や目標を、立派な色紙に書かれている方がいるかも知れません。頭の中にしまっておくよりはいいでしょう。しかしその色紙は、今どこにありますか。デスクの前に貼ってあったり、神棚に乗っかって、埃をかぶっていませんか。

夢をかなえることは、容易ではありません。計画性と、常日頃からの努力が欠かせないはずです。ですから、「ふと思い出した時」や「机に座って、色紙が目に入った時」にだけその夢を追いかけようと思っても、それをかなえることはできません。

だから、手帳に夢を書き込むのです。そしてそれを、トイレに行く時も、お風呂に入る時も、片時も離さず持ち歩き、繰り返し読み返すのです。そうすれば、毎日・毎時間・毎分・毎秒・常に夢を見失わずに、そこへ向かって前進できます。

（熊谷正寿『一冊の手帳で夢は必ずかなう』かんき出版 二〇〇四）

ここでも「繰り返し読み返す」ことが強調されています。夢と言わず目標と言っても、一度きりの人生を生きる人間にとっては日常のあわただしい生活に追い立てられないための方便です。手帳に書いたことを繰り返し読み返すことは、願望を潜在意識にまで到達させる方法となります。これはマーフィーの法則で有名なジョセフ・マーフィーや著名コンサルタントのアンソニー・ロビンズの言うところにも通じています。大それた夢を追いかける変人・奇人ならずとも、常に前進して自分自身を拡大深化させようと考える人なら計画的に人生を生きることが望まれます。そのためにも手帳を常に携帯して有効に利用するとよいでしょう。

おわりに

本書はどこから読んでもよく、どこで中断してもかまわないと「はじめに」で書きました。そのためまだ全体を読み終えないまま、この「おわりに」を読み始めている人がいるかと思われます。はじめにそう書いた本意はなるべく早く全体に目を通してもらうためでした。というのも興味にまかせてどこから読み始めようと、最終的に全体を読み通すなら、自分にとって大事な部分が早く浮かびあがり、そこを繰り返し丁寧に読むことで本書の利用価値が増大するからです。

それゆえ本書の使い方はまず一通り読んでからということになります。すぐに第一章より始めるのではなく、実用的な第三章の「書くための読み方」から読み始めた人もいるでしょう。本書の中心は次に位置する第四・五・六章における特質・要素・構成の部分ですが、筆者としては続く章もそれらに劣らず大事なところだと思って執筆しました。また本書はレポートの書き方という以上に、作り方が中心になっています。そのため文や文章をうまく書くにはどうすればよいかという、文章表現上の技術的な方面については詳述しておりません。その点でもの足りないと思われる読者は本文中に書名を紹介した参考文献に当たるのがよいでしょう。文章表現の指南書というのは極めて類書が多く、関心のある人は書店や図書館に出向いて他の本に当ってみるのもよいことです。今回もこれまでと同じく多くの先行の良書にお世話になりました。

本書では大学でレポートを書いたことのない人のために、最も正攻法の書き方を述べてみました。文章の巧みな書き方というよりレポートの基本的な作り方を優先しています。ここで注意すべきはそれらの書き方や作り方が一般的かつ平均的なものに過ぎないということです。ところがレポートのかたちと内容はそれぞれの課題と書き手によって千差万別となります。各人の学習の現場を想像すると、現に当面している課題が一般的にも平均的にも見えないことが予想されます。実際に課題に直面することになると、それは他の誰にも当てはまるような一般性を消し、あくまでも自分自身にとって個別かつ特殊な性質を持つものとなるでしょう。一般的に考えているばかりでは課題があなたの問題にはならないからです。正面から課題と格闘することにより、課題を自分の問題として受け止めてはじめて、それが自分の解かなければならない問題となります。そこでは一般的でも平均的でもなく、みずからの頭と心を活用して自分なりの回答を編み出すことが要請されるのです。

そのためには本書で紹介された例文にとらわれないことが肝心です。それらの例文は決して普遍的なものではありません。どこにでも通用するとは限らないのです。本書では実際に提出されたレポートを巻末に付録として収録していますが、それら先行の実例は単なる個々の例文に過ぎず、決して誰にも当てはまる万能のレポートではありません。良いレポートを書く秘訣は一見して非の打ちどころのないように思える例文に引きずられず、みずからの頭と心を活用して課題の内容に即した自分なりのレポートを作りあげることです。例文の表面的な文章の形態ではなく、書かれた内容の示している水準を目標にしながら、ぜひ自分なりの表現を工夫してください。我ながら未熟だと感じられる自分の考えを鍛えなおして文章に表現することは決して容易なことではありません。しかし自分らしい文章表現のために苦しむことこそ、いかにも大学生らしい学習と言えます。

また別の言い方もできます。本書を読み終えたなら、今度はあなた自身がその内容を実際におこなってみる番だということです。というのは受身である限り何事も始まらず、みずから身を起こして実行しようとしなければ本当の勉強や学習にはならないからです。自分で実行してみて、本書に書いてあることと自分の場合とが少しでも違うと感じられたなら、そこからはじめて本格的にあなた自身の文章表現の道が始まります。自分の表現は自分で作りあげようという気概を持つことが出発点です。どうか本書を読んで、これは良いことを知ったと一人満足して終わることのないようにくれぐれも注意してください。

最後に本書のために貴重なレポートを提供してくださった大久保漢さん、M・Tさん、川永洋子さん、坂本昌代さん、諸井通恵さんに心よりお礼を申しあげます。

佐久間保明

二〇一〇年十月十七日

著者紹介

佐久間 保明（さくま やすあき）
一九四七年、福岡県に生まれる。早稲田大学大学院文学研究科博士課程後期満期退学。武蔵野美術大学の専任講師・助教授を経て、一九九五年教授となり、現在にいたる。

主著 『「文章倶楽部」総目次・索引』（不二出版 一九八五）
『文章の教室』（武蔵野美術大学出版局 二〇〇二）
『文学の教室』（ゆまに書房 二〇〇二）
『文章の新教室』（武蔵野美術大学出版局 二〇〇六）
『文学の新教室』（ゆまに書房 二〇〇七）
編著 『佐藤春夫と室生犀星 詩と小説の間』（共編著 有精堂出版 一九九二）
『安成貞雄 その人と仕事』（共編著 不二出版 二〇〇四）
編集 『石橋忍月全集』全五冊（共編 八木書店 一九九五）

レポートの教室

二〇一一年 四月 一日 初版第一刷発行
二〇一一年一二月二〇日 初版第二刷発行

著者 佐久間保明

発行者 小石新八
発行所 株式会社武蔵野美術大学出版局
〒一八〇—八五六六
東京都武蔵野市吉祥寺東町三—三—七
電話 〇四二二—二三—〇八一〇（営業）
〇四二二—二二—八五八〇（編集）

印刷・製本 株式会社精興社

定価は表紙に表記してあります
乱丁・落丁本はお取り替えいたします

ISBN978-4-901631-96-9 C3000 printed in Japan

〔付録〕レポート実例集

文部科学省認可通信教育

学籍番号	氏名　諸井　通恵
科目名　文学	課題番号　2　第2回目以降の課題のときは記入　前回の課題　☑合格　□30日経過

課題　「悲しみよ　こんにちは」のプロットのありさまについて

横書き　→　枠内に楷書で書くこと

　ストーリーを推し進める原動力となるものがプロットである。プロットを構成するのは葛藤（対立）だ。わたしはフランソワーズ・サガンの「悲しみよ　こんにちは」（新潮文庫）の物語にあらわれるプロット、葛藤のありさまを説明していきたい。

　物語の舞台は夏の避暑地だ。主人公のセシルは父レイモンと地中海を見下ろす海辺の別荘にいる。美男で仕事が出来その上女蕩しの父は別荘に半玄人の情人エルザを連れ、三人は平和で放蕩な日々を過ごしていた。しかしレイモンはある日別荘にアンヌという42歳の洗練された女性を招き入れる。ここから女性達の葛藤が始まる。レイモンという一人の魅力的な男を巡るエルザとアンヌの静かな対立だ。またセシルも、几帳面なアンヌが生活に加わることにより今までの気ままで完全なくつろぎを手放さなくてはならなくなり、アンヌの豊かで洗練された教養を好ましく思いながらも小さな反撥が芽生えていく。そしてそ

んなアンヌの魅力に父が心を日々奪われていく様を見て、父へも小さな反撥を覚える。これらの対立がストーリーを進めていく。

　ある日カンヌへ賭けとダンスをしに４人で出かけるが、その晩レイモンとアンヌは車の中でお互いの愛を確認する。それを知ったセシルは二人に決定的な反撥を覚える。エルザを捨てるのかとセシルはレイモンを責めるが、ほったらかしにされた上に二人の世界には入れないことをセシルは悟る。そしてエルザは傷つき泣きじゃくり立ち去る。翌日アンヌはレイモンと結婚するとセシルに告げる。

　ある夕方、セシルはこの夏知り合った大学生の恋人シリルと寛いでいるところをアンヌに見とがめられ非難される。セシルはアンヌが義理の母として干渉してくる窮屈さに憎しみを覚えていく。完璧なのだが憎いアンヌへの反撥。そんなアンヌに同調する父へも強い反撥と葛藤がある様がここで更に強調される。

　セシルは父と過ごしてきた今までの自由気ままな生活様式をアンヌがぶちこわしてしまうだろうという強迫観念から逃れられなくなる。自由を奪われることに対する反撥だ。

　そんな中荷物を取りに戻ってきたエルザに、レイモンを巡るアンヌへの反撥を蘇えさせる

のにセシルは成功する。セシルは恋人のシリルを使ってふたりに恋の芝居をやらせ、それをレイモンに見せつけ嫉妬心をあおり、エルザとよりを戻させようと企む。一方でセシルの心の中ではアンヌへの反撥と同時に自分への自己嫌悪、罪悪感、孤独との葛藤があった。更に、アンヌはシリルがエルザと一緒にいるのを見たセシルの傷心を思いやり、私のせいだと言葉をかける。その為セシルはこれまでの怒りの感情から早くも後悔の気持ちへと移行していく。ここでセシルは聡明で魅力的なアンヌを決して嫌いではないということがわかる。しかしアンヌの本質は嫌いではないが父と自由を奪ったことがどうしても許せないセシルのこの反撥した気持ちが物語の後半を大きく動かしていく。

　ある日夏休みの勉強の話がこじれセシルはアンヌに部屋に鍵をかけ閉じ込められてしまう。そこでも父はアンヌの肩を持ちセシルを絶望させるが、アンヌと結婚するという正しい行為がセシルだけでなく父レイモンにもかつての自由で奔放な生活が終わることに耐え難い葛藤を生み出しているのが明白となる。そこにセシルの策略どおりに、かつて愛していた若く魅力的なエルザが男と親しげにいる

のを目撃し、レイモンに嫉妬が芽生え自由奔放な自分を取り戻していくきっかけとなる。

　ある日突然セシルの陰謀は成功し、レイモンとエルザがよりを戻しているところをアンヌは見てしまう。よろけながら走って車に乗り込むアンヌがひどく泣いている顔を見て、セシルは自分が生きた、感じやすい人間に何をしてしまったかを初めて悟る。42歳の孤独なアンヌが一人の男性を愛し共に十年あるいは二十年幸福でいようと希望していただけなのに私はなんてことをしたのだろう。私達はあなたが必要なのとアンヌに叫ぶがアンヌはあなたには誰も必要じゃないわと言い車は去る。望み通りになったのに取り返しのつかない後悔だけがセシルの胸に残る。アンヌの車はその後事故で50メートルも落ち、死ぬ。その死は事故と見せかけた自殺という二人だけが知る豪奢な贈り物だった。

　セシルは望み通り父を独占し二人はやがて自由な生活を再び送るようになる。すべてが終わり新しい生活が始まったが、悲しみだけがいつまでもセシルの胸にのこる。

　以上のようにこの作品のプロットは、大きくはレイモンとセシル、セシルとアンヌ、レイモンとアンヌの3つの組み合わせから成り

立っている。その中でセシルは娘として、アンヌやエルザは恋人として、レイモンを巡る愛情の独占欲に対する葛藤が全編を支えているプロットである。その中で主人公であるセシルと父レイモンにはアンヌに象徴される完璧さや教養への憧れと同時に相反する自由奔放さへの愛着に対する葛藤が見られ，これももうひとつのプロットといえる。また全編を通じて17歳のセシルの孤独感が全ての行動を支えていることも忘れてはならないだろう。

『悲しみよ　こんにちは』

フランソワーズ・サガン著

朝吹登水子　訳

（新潮文庫）

採　点	A　B　C　合格	D　再提出

講　評

文部科学省認可通信教育

学籍番号	氏名　坂本昌代
科目名　文章表現Ⅱ	課題番号　1　（第2回目以降の課題のときは記入　前回の課題　□合格　□30日経過）

課題　ひとつの主題のもとに序論・本論・結論からなる三部構成の文章を書きなさい。　主題：「現代社会におけるデザインの役割」

横書き → 枠内に楷書で書くこと

　現代におけるデザインは、目まぐるしく変化する社会情勢や流行を反映しながら、ますます多様化、あるいは変容しているように思われる。とすれば、デザインが果たす役割も、それぞれの目的によって細分化されたり、変容したりしているはずである。本来、デザインという行為は「人間が自然の一部として生存し、生活維持や向上のための生産活動を通して、生活環境の人間性、社会性を創造すること」である（*1）。ここでいう「生産活動」の構成要素をモノとコトに大別できるとすれば、モノとは工業生産されるプロダクト、コトはモノに与えられる付加価値や情報に置き換えられるだろう。そして今日ではモノのデザインよりコトのデザインが、ますます重要になっていると思われる。ここでは菓子製造業を例に、デザインとその役割について考察する。

*　*　*

　菓子とは、実に多様な目的と情報を持った

プロダクトである。菓子には、和菓子と洋菓子というジャンルだけでなく、製造工程、保存方法、使用目的など、それぞれに相応した種類がある。そして製造、包装、出荷、搬送、販売、管理といった一連の工程が、企業利益を損なわないよう合理化されなければならない。また、嗜好品という側面から見れば、短い販売サイクルで季節や流行に即したものが望まれ、ギフトや冠婚葬祭など儀礼的な性格を帯びると、それに相応しい形態へと変化する。消費者の手に届くまでには、かくも長いコトのデザインが菓子に施されているといえる。

　歴史的な変遷をたどれば、現在の菓子は古く奈良時代にまでさかのぼり、大陸からの伝来、そして国内生産が始まり大衆化してゆく。現在は輸入や商品開発による菓子の国際化もさることながら、地域や企業の差こそあれ、機械生産による流通システムは今なお進化し続けている。加えてインターネットや口《くち》コミなども媒介にして、菓子の付加価値が創造されるようにもなってきた。こうした背景には、社会におけるデザインに対する考え方、つまりデザインマネジメントの果たしてきた役割が非常に大きいと思われる。たとえある職人

が「菓子を一つ一つ手づくりしている」とうたっていても、それは量産と対極にある希少性をねらった付加価値であるかもしれないし、あるいは流通・販売する段階で何らかの経営管理が生じるはずである。

　デザインマネジメントとは、デザインを活用した経営管理である。日本においてデザイナーが社会的認知を得たのは1930年代、デザインマネジメントという用語が使われだしたのは1970年代で、歴史としては浅い。それだけにデザイン組織は急激に発展することになる訳で、地方企業内でのデザインに対する考え方は、まだ定着しているとはいえないのが現状である。特に古くからの伝統を変わらず引き継ぐことを尊重してきた職人的世界と、流行を取り込みつつ常に変わっていくことを求められるデザイン部門という対立的な構図は、菓子業界に限らず様々な企業で見られるのかもしれない。加えて今日では、地球規模での環境配慮をすべき風潮も少なからずある。するとデザイン部門の果たすべき役割は、企業を象徴するプロダクトをいかに消費者を考慮したデザインにするかという使命だけでなく、企業内においていかに部署間のコミュニケーションをとりつつ業務を果たすべきか、

そして地球環境に配慮したデザインにすべきか、という問題が浮上する。つまりデザイン的職能は専門的に深まるよりはむしろ、職能領域が拡大もしくは変容していくのである。企業内でのデザインに関する齟齬《そご》を乗り越えるために、時にはデザイナーの感性と洞察力によって解決できる場面もあり得る訳で、デザイナーが自らの役割、ひいてはデザインの役割に対して、いっそう戦略的意識を持つべき時代になったともいえる。

＊　＊　＊

　デザイナーというと、一般的にはインテリアやファッションにおける意匠のような、派手なイメージを持たれがちである。しかし実際には、誰も自分の仕事だとは考えないのに誰かがやらねばならない類の仕事が実に多い。これはデザイナーだけに限らないだろう。思想家の内田樹氏は「ほんとうにたいせつな仕事は『雪かき』や『どぶさらい』のようなものである。別に感謝もされないし、誰かに誇るものでもない。『やらないとまずいよな』と思う人が自分の家の前から始める。それだけのことである。」と語っている(＊2)。とすれば、現代社会に生きる我々の目の前にある「雪」や「どぶ」にいかに気付き、自ら行動

を起こすことができるか。そうした個々のトライ＆エラーを互いに快適にフォローしあえる社会をめざすことが、現代に求められるデザインの使命であり、役割であると考える。

2000

〈参考文献〉

（＊1）。社団法人日本インダストリアルデザイナー協会「プロダクトデザイン 商品開発に関わるすべての人へ」（株）ワークスコーポレーション

2100

（＊2）。内田樹「商品経済から贈与経済へ」内田樹の研究室 2009年11月25日（http://blog.tatsuru.com/2009/11/25_1159.php）

。坂下清監修『デザインマネジメント』武蔵野美術大学出版局

。全国菓子工業組合連合会「お菓子の歴史」（http://www.zenkaren.net/history/history_top.html）

2200

※再提出の場合には、必ずこのレポートも同封すること。

採点	A B C 合格	D 再提出

担当教員氏名

講評

文部科学省認可通信教育

学籍番号		氏名	川永洋子
科目名	文章表現Ⅱ	課題番号	2

第2回目以降の課題のときは記入
前回の課題 ☑合格 □30日経過

課題 ひとつの主題のもとに仮説を立ててから、それを立証する文章を書きなさい。
4. 美術とデザインの違いは何か

横書き → 枠内に楷書で書くこと

　美術は「色や形により美を表現する芸術。絵画・彫刻…など」（『新明解国語辞典』）であり、「純粋美術」ともいうとある。一方デザインは、「応用美術」とみなされるとあり、両者は表現という共通の行為を持つといえよう。ではその違いとは、第三者への「伝わる速度」であると考える。ここにその違いについて作品の実例を挙げ立証していきたい。

＊

　まず、美術は第三者への「伝わる速度」が遅いのではないかという点を挙げる。私は昨年10月、国立新美術館にてヨハネス・フェルメールの「牛乳を注ぐ女」の原画と対面した。事前に窓から差し込む光の表現や青赤黄の色彩・コントラストの色価に「伝わるもの」がある等情報を得ていた。実際対峙すると、思ったより小さなサイズの中に揺るがない完全な各パーツの位置と色の表現を収めている。それはフェルメールの絵が描かれた当時から現在に至る多くの第三者である観賞者が解読

してきた絵そのものに付随している文脈や情報があってこそ私に「伝わるもの」を与えてくると感じた。事実、同時展示されていた研究資料にも多くの観賞者が見入っていた。そこには、パンの光の反射する部分をポワンテイエという点綴法で三層の絵具を重ねていたこと、右側白い壁の下部は洗濯かごから小さなストーブに描き直されたことがX線で解読され推測されていた。小さなストーブに描き直したのは給仕する女性を思いやってだろうか、柔らかな女性の表情が想像力を換起させる。1658年～59年頃描かれたこの作品は以降の多くの観賞者に「伝わるもの」を少しずつ発見させていくのだ。つまり、美術は「伝わる速度」が遅くなる。それは美術が第三者に問いかけという事象を起こし、解読する時間を有する表現であるからといえよう。

　一方、デザインは第三者への「伝わる速度」が速い。私は昨年9月、社団法人日本グラフィックデザイナー協会（JAGDA）教育委員会セミナーで書体を一からデザインしブランディングを行うデンマークのコントラプンクト社のレクチャーを聴講した。創業者である講師のボー・リンネマン氏は、ブランディングとは他との差異を付け第三者が見た瞬間

に反応を示すものを持たせることであり、書体をデザインすることにより行えるという。例えば、デンマークの鉄道で使用する書体をデザインした。するとこの書体を使ったものは鉄道のものとすぐに判別できる。同じく国家専売であるデンマークの薬局にも専用書体を作った。また、世界で最も大きく自然が損なわれていない島グリーンランドという国家のデザインに、パワフルだが自然のもろく危険な部分を伝えるべく砕けた氷のような書体を作っている。そのように核となるアイデアから書体をデザインし、ロゴ、製品、店舗等使用を拡大していく。第三者である顧客にはその書体を使用している主体が明らかな場合、どこのものか、何に適しているか等の付随したイメージや情報迄も瞬時に伝わってくるのだ。つまり、デザインは「伝わる速度」を速くする。それはデザインが第三者に瞬時に解答や判別を示す表現であるからといえよう。

　最後に、「伝わる速度」が美術は遅く、デザインは速いとはどういうことか、改めて検証する。現代美術家の村上隆氏は作品をつくる際、様々な仕掛けを組み表現することで現在の第三者や社会とコミュニケーションをとるか、無という空白の状態で表現し未来の第

三者や社会とコミュニケーションをとるか、美術の表現過程について二つ述べる。後者は水準が高すぎたり時代の先を行き過ぎたりしているため、リアルタイムでは伝わらないかもしれない。しかし後世で次第に伝わり歴史を変える可能性もあるという。そしてそういった作品は美術の歴史や文脈の中の一つに組み入れられる。後世の観賞者の多くの目に耐え得るものだからだ。氏のいう「世界で唯一の自分を発見し、その核心を歴史と相対化させつつ発表する」ことができるのならば「伝わる速度」が遅くとも美術の歴史や文脈につながり伝わっていくということである。逆に、デザインは「唯一の自分を発見」することではない。それは、武蔵野美術大学教授向井周太郎氏のいう「生活世界の形成である」といえよう。ブランディングデザインの始原は牛の焼き印であり家畜である自分の牛を他と判別できるように行ったとあるように、デザンンは日常生活の中で「伝わる速度」を速くする手段として行われてきたのだ。

＊

　つまり、美術とデザインの違いは第三者への「伝わる速度」である。歴史や文脈につながる美術は、第三者に問いかけ解読する時間

を有する。よって「伝わる速度」が遅い。一方、生活の中で手段として行われるデザインは、第三者に瞬時に解答や判別を示す。よって「伝わる速度」は速い。両者は表現という共通行為を持つが、「伝わる速度」が遅いか速いかの違いがあるといえる。

参考文献

『新明解国語辞典』第六版（三省堂2005）
村上隆『芸術起業論』（幻冬舎2006）
向井周太郎、降旗英史、東北芸術工科大学デザイン哲学研究所『デザイン哲学叢書デザインの知』vol.1 2007（角川学芸出版）

2000 2100 2200

※再提出の場合には、必ずこのレポートも同封すること。

採点	A．B　C　合格	D　再提出

担当教員氏名

講評